工程制图习题集

主　编：魏书华　何　苗
副主编：乔慧丽

科学出版社
北　京

内 容 简 介

本习题册与《工程制图》（科学出版社）教材配套使用。主要内容包括：制图的基本知识与技能、投影基本理论、基本几何体的三视图、组合体、机件的表达方法、标准件及常用件、机械图、计算机绘图基础等。

本习题册可与高等院校工程制图课程的教材配套使用，也可供学习工程制图课程的人员单独使用。

图书在版编目（CIP）数据

工程制图习题集 / 魏书华，何苗主编 . —北京：科学出版社，2015.8（2025.3 重印）

ISBN 978-7-03-045597-0

Ⅰ. ①工… Ⅱ. ①魏… ②何… Ⅲ. ①工程制图－高等学校－习题集 Ⅳ. ①TB23-44

中国版本图书馆 CIP 数据核字（2015）第 203428 号

责任编辑：李小锐 / 责任校对：彭 映

责任印制：罗 科 / 封面设计：墨创文化

科学出版社出版

北京东黄城根北街 16 号

邮政编码：100717

http://www.sciencep.com

成都锦瑞印刷有限责任公司印刷

科学出版社发行 各地新华书店经销

*

2015 年 8 月第 一 版 开本：787×1092 1/8

2025 年 3 月第十四次印刷 印张：17

字数：200 000

定价：52.00 元

（如有印装质量问题，我社负责调换）

前　言

本习题集是与《工程制图》（科学出版社，2015年9月）教材配套使用的，也可供学习工程制图课程的人员单独使用。

本习题集的特点是：适合近机类或非机类各专业的学生，精简了传统内容，相对于机类专业降低了难度；本习题集的编排次序与配套教材一致，方便教师及学生同步使用；每章习题均选择典型题目，力求难度有梯度，既适合初学者，也适合复习者。

参加本习题册编写的有：魏书华、何苗、乔慧丽、胡荣丽、徐慧娟、文琍、李琳、王昶、王萍、陶红艳。

由于编者水平有限，书中难免存在不足之处，恳请读者批评指正。

目　　录

1-1　制图的基本知识与技能——线型、比例的练习（一）	姓名	班级	学号	1

1. 在指定位置抄画各种图线及图形。

（1）

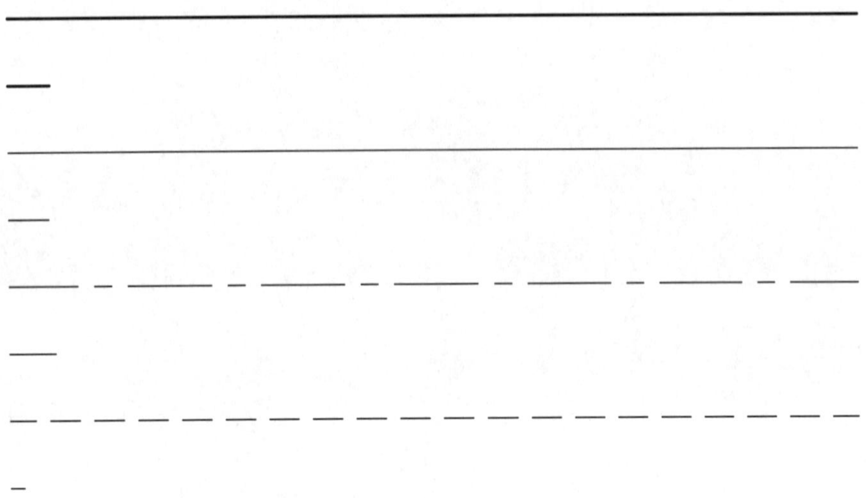

（2）

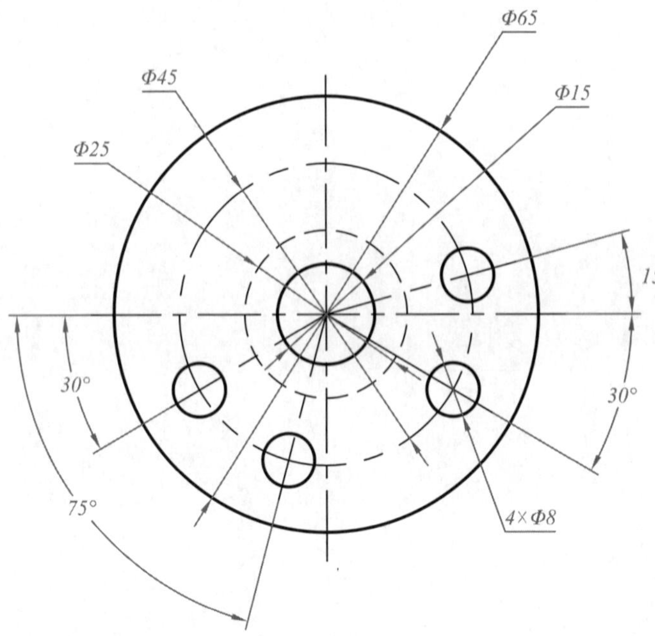

2. 参照图样给出的尺寸，用给定的比例在指定位置画出图样并标注尺寸。

（1）比例 2 ∶ 1

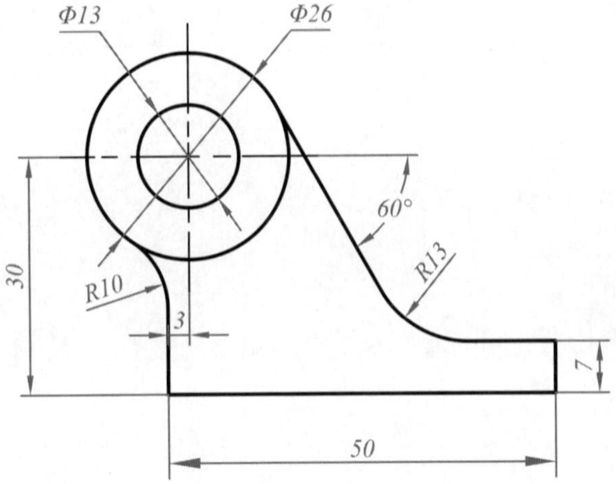

（2）比例 1 ∶ 2

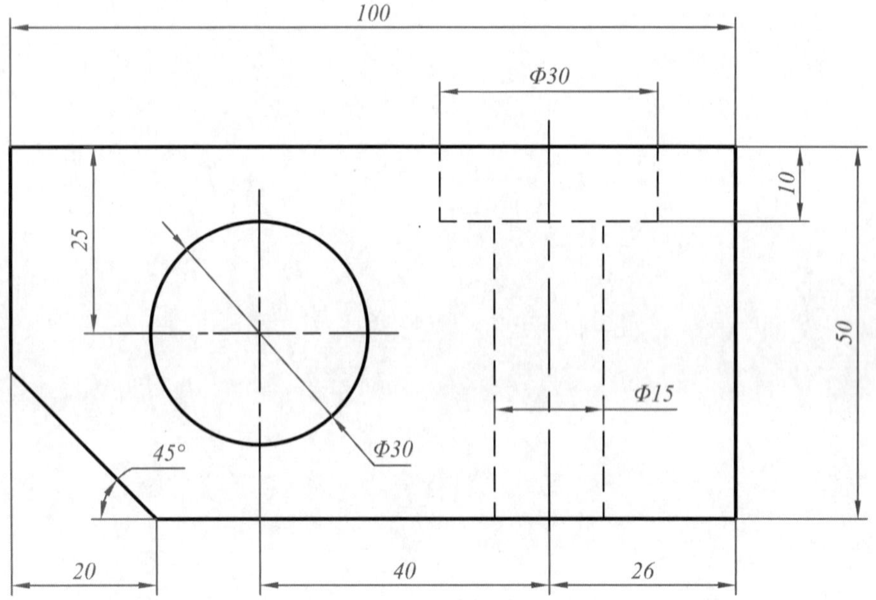

1-3　几何作图（一）

姓名　　　　班级　　　　学号

1. 作正多边形。

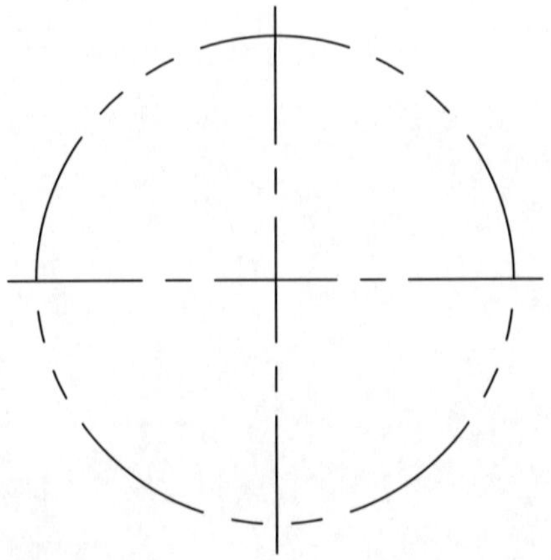

正五边形

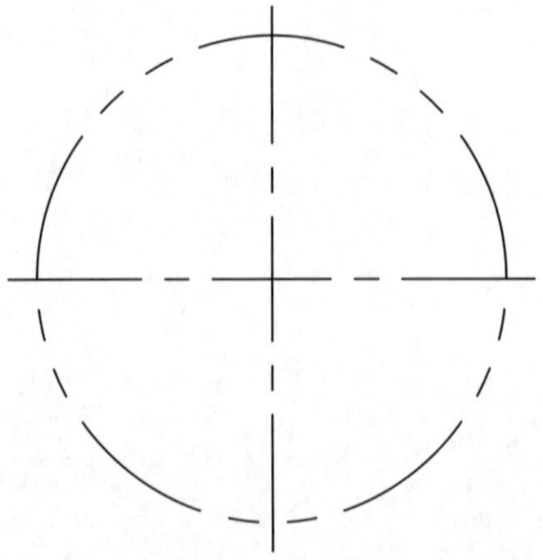

正六边形

2. 作椭圆，长轴 50mm，短轴 30mm。

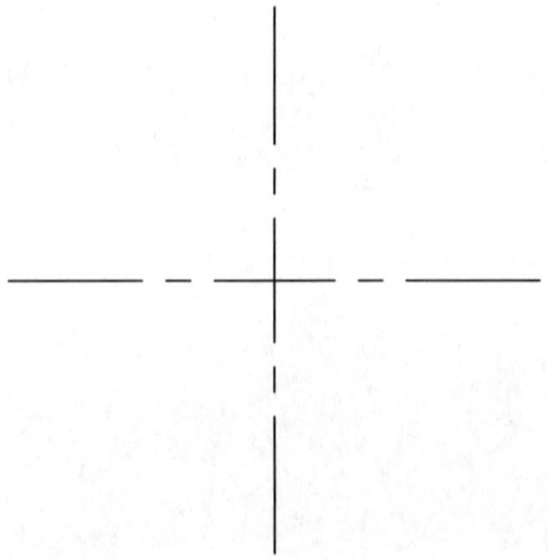

3. 斜度与锥度（在指定位置画出下列图形）。

（1）

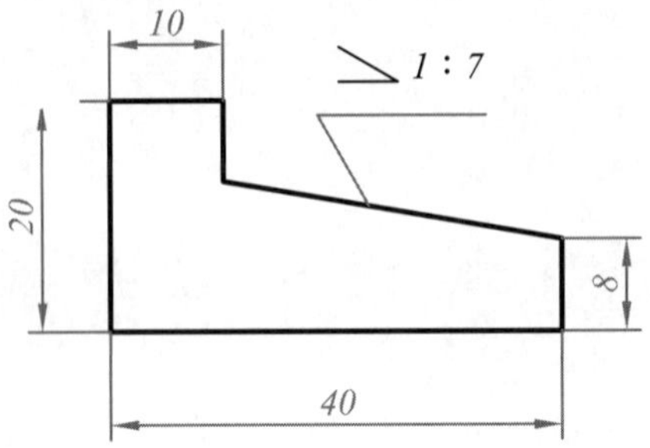

（2）

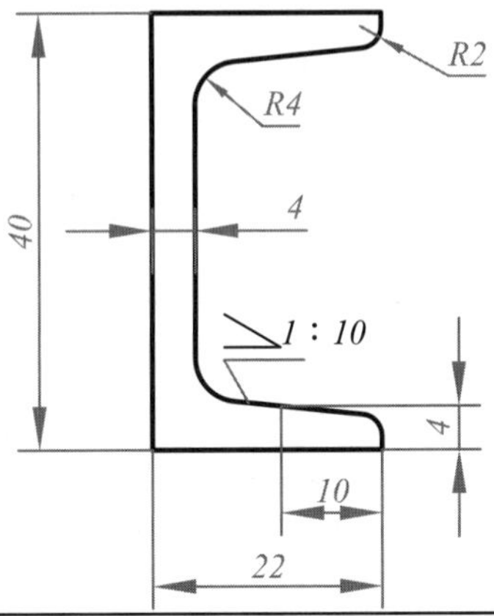

（3）

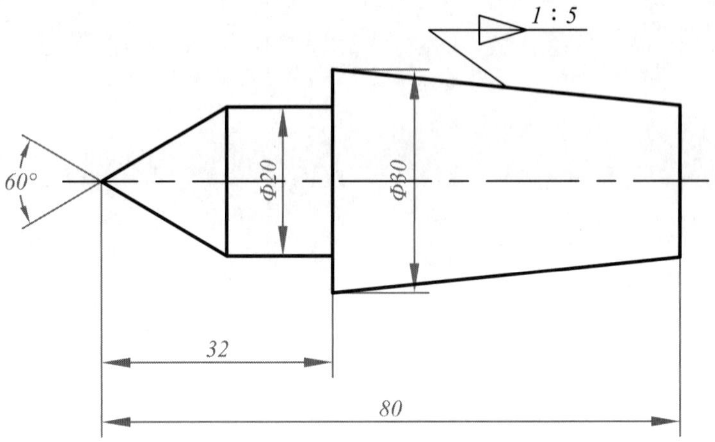

1-4 几何作图（二）——圆弧连接

姓名　　班级　　学号

1.

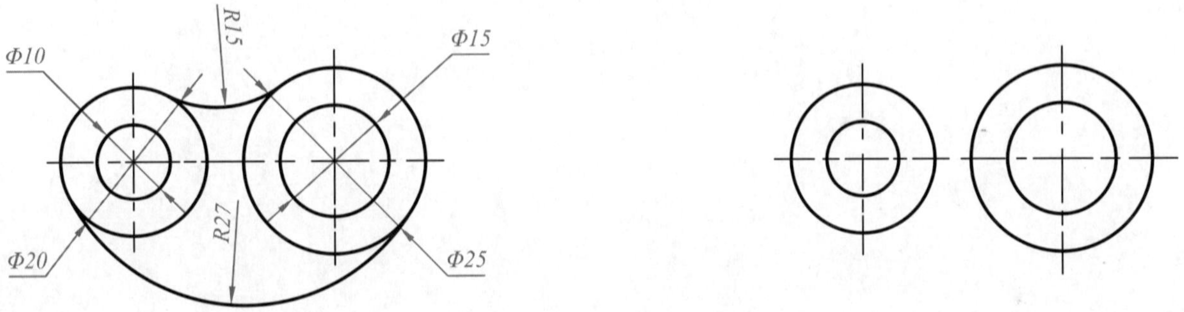

2.

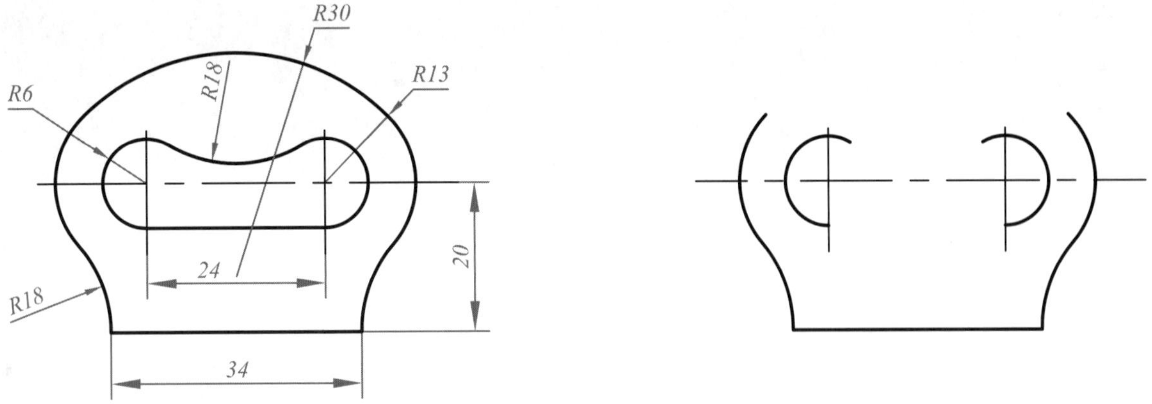

3.

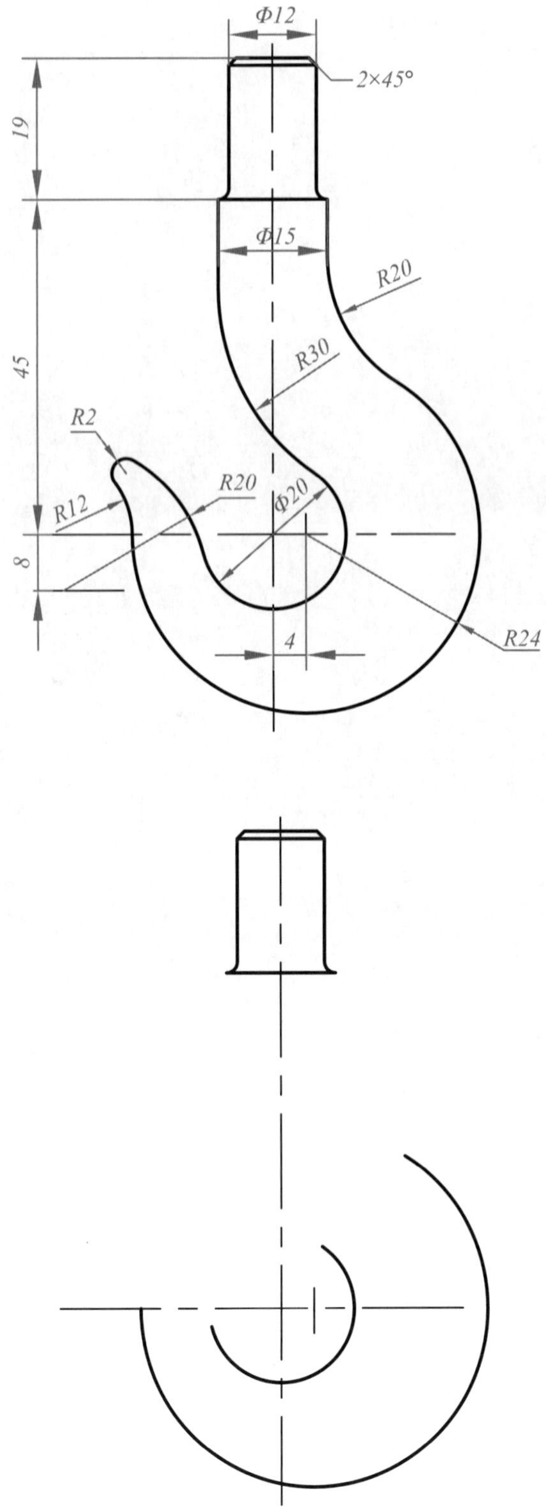

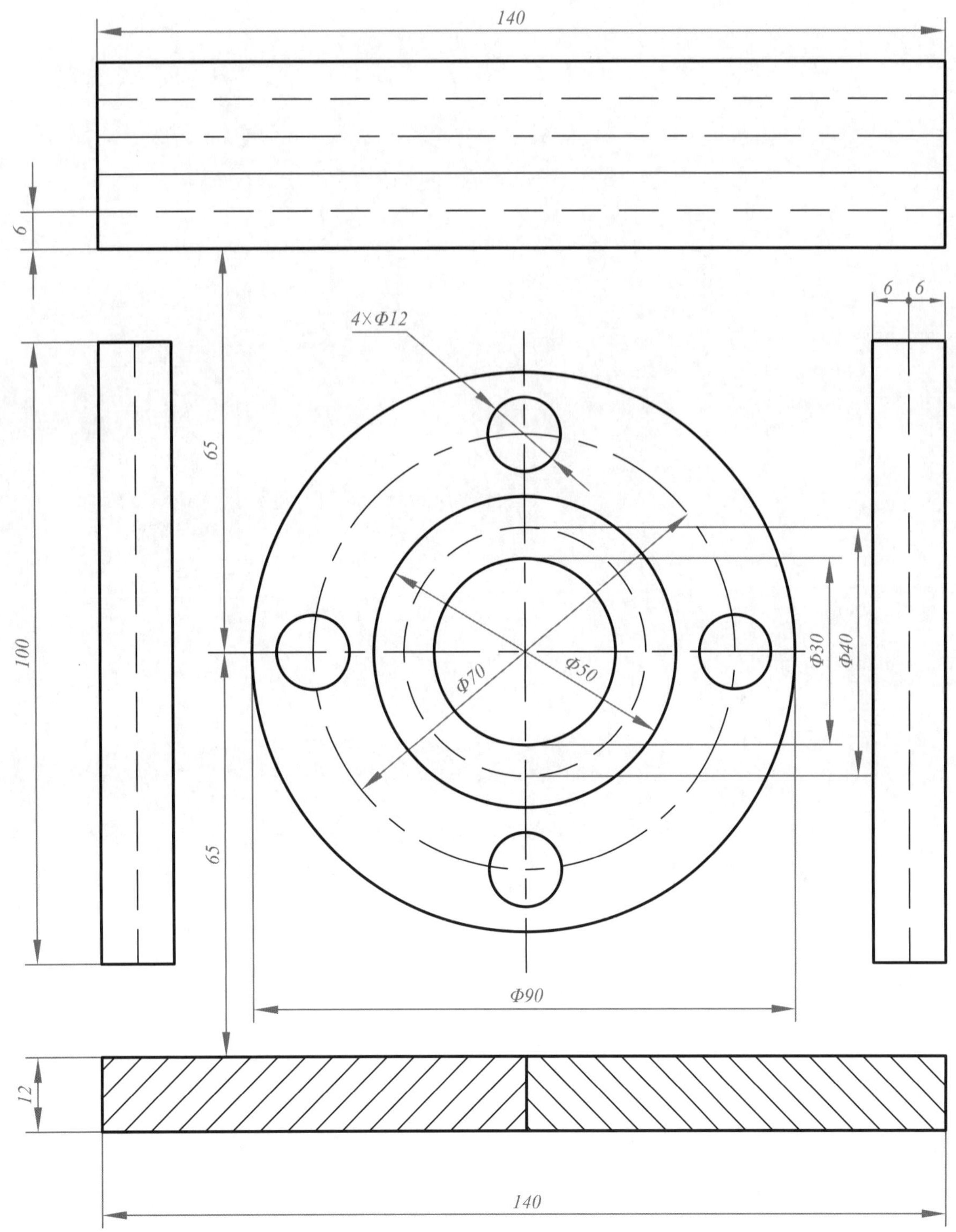

一、目的、内容与要求

1. 目的：初步掌握国家标准《机械制图》的有关内容，学会绘图仪器和工具的使用方法。
2. 内容：(1)抄画线型，不标注尺寸；(2)抄画零件轮廓，并标注尺寸。
3. 要求：布置适当，线型符合国标，字体工整，连接光滑，图面整洁。

二、图名、图幅与比例

1. 图名：基本练习。
2. 图幅：A3 图纸。
3. 比例：1 ∶ 1。

三、绘图步骤及注意事项

1. 绘图前应对所画图形仔细分析研究以确定正确的作图步骤，特别要注意零件轮廓线上圆弧连接的各切点及圆心位置必须正确作出，在图面布置时还应考虑预留标注尺寸的位置。
2. 线型：粗实线粗度为 0.5 ~ 1mm，虚线长度约为 6mm，间隙为 1mm，点画线长为 15 ~ 20mm，间隙 3mm，点约 0.25mm。
3. 字体：图中汉字均为长仿宋体并可按字体大小先打好格子然后写字；标题栏内图名、校名及图号写 10 号字，姓名写在制图栏内，学号写在姓名下面一格，都用 5 号字。图中尺寸数字写 3.5 号字，写字前可先画两条平行线，以保证尺寸数字高度一致。
4. 箭头：宽 0.7 ~ 1mm，长为宽的 6 倍。
5. 完成底稿后，经仔细校核后方可加深。加深时先圆弧后直线，圆规的铅芯比画直线的铅芯软一号。

1.

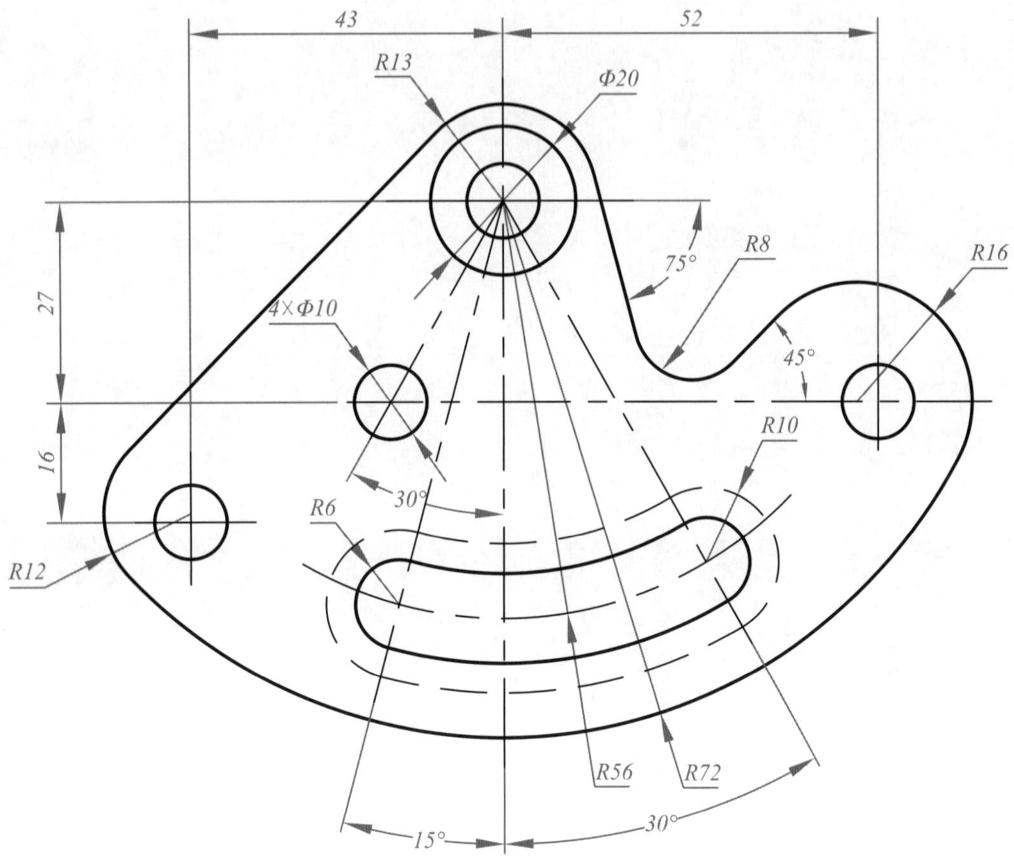
43
52
R13
Φ20
27
16
75°
R8
R16
4×Φ10
45°
R10
30°
R6
R12
R56
R72
15°
30°

2.

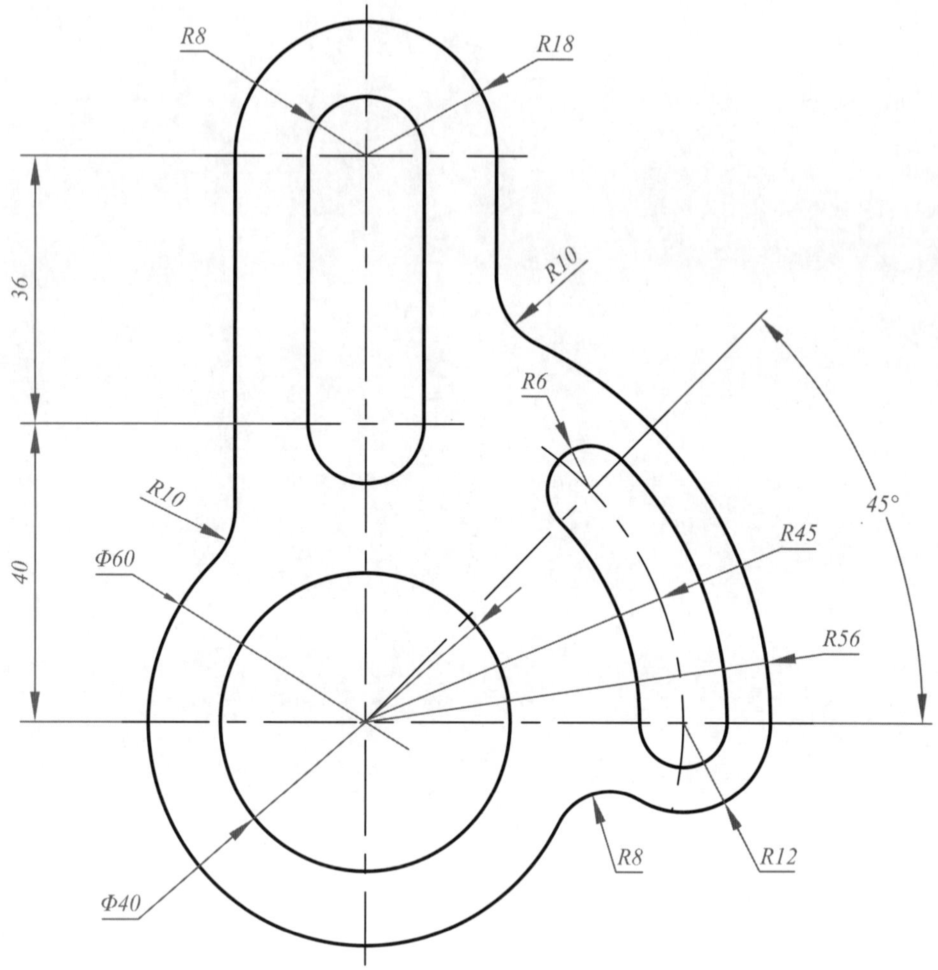
R8
R18
36
R10
R6
45°
R10
R45
40
Φ60
R56
R8
R12
Φ40

2-1　投影基本理论——点的投影　　姓名　　班级　　学号　　

1. 已知点 A 的坐标为（12，13，20），点 B 在点 A 左方 10mm，下方 15mm，前方 10mm；点 C 在点 A 的正前方 15mm；求各点的三面投影。

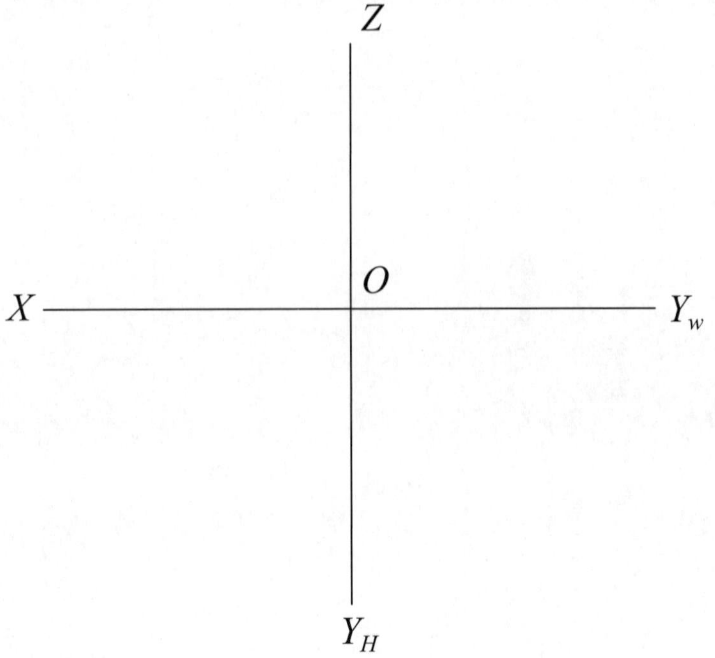

2. 已知 A、B、C 各点的两面投影，如图所示，求作各点的第三面投影，并判断其相对位置关系。

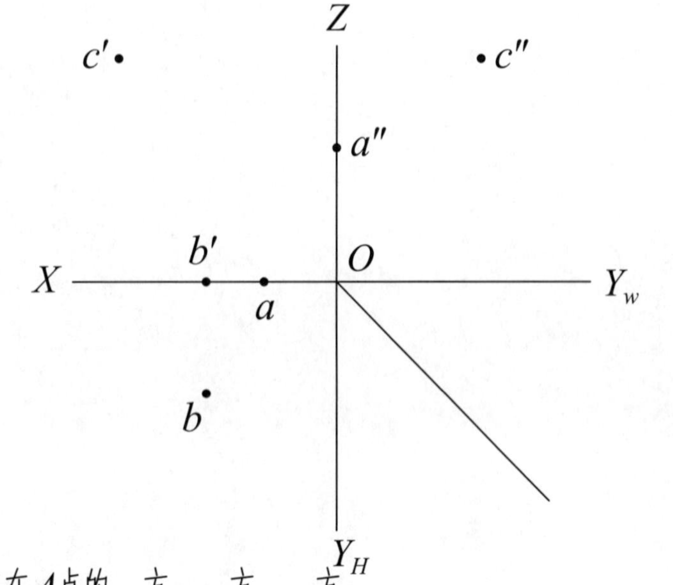

B点在A点的__方，__方，__方。

C点在A点的__方，__方，__方。

3. 已知点 B 距离点 A 为 15mm；点 C 与点 A 是对 V 面投影的重影点。补全各点的三面投影，并判断可见性。

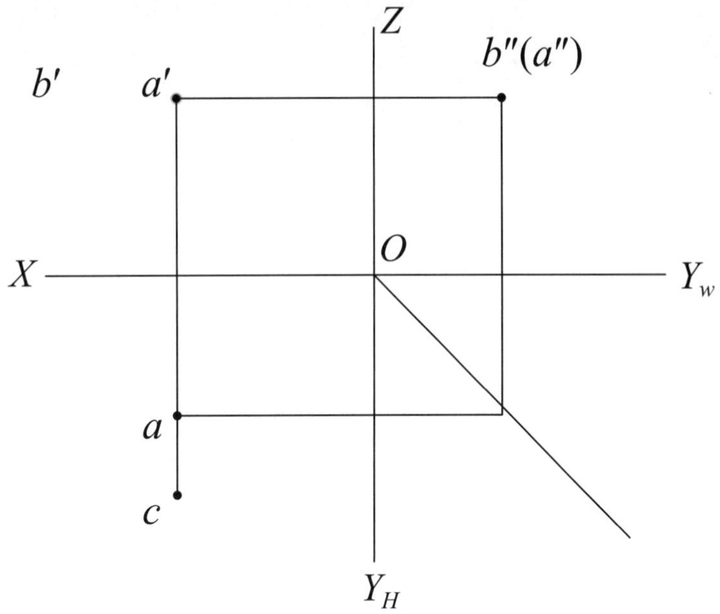

4. 已知点 B 的三面投影和点 A 两面投影，求作点 A 的第三面投影。

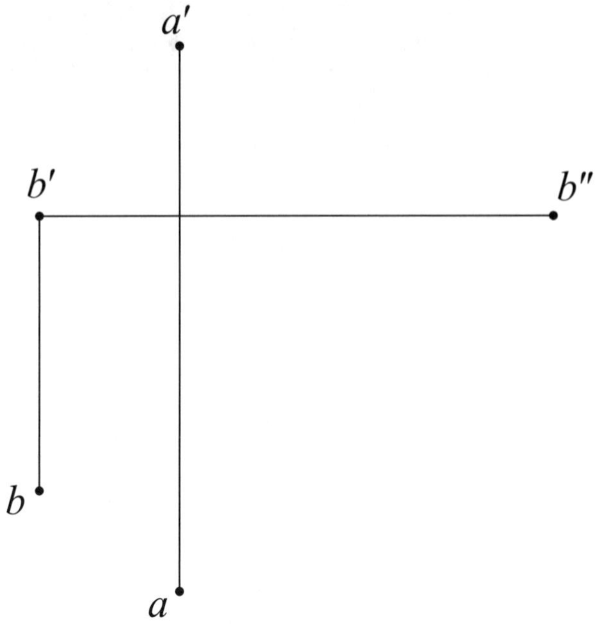

1. 画出下列直线段的第三投影，并判别其相对投影面的位置。

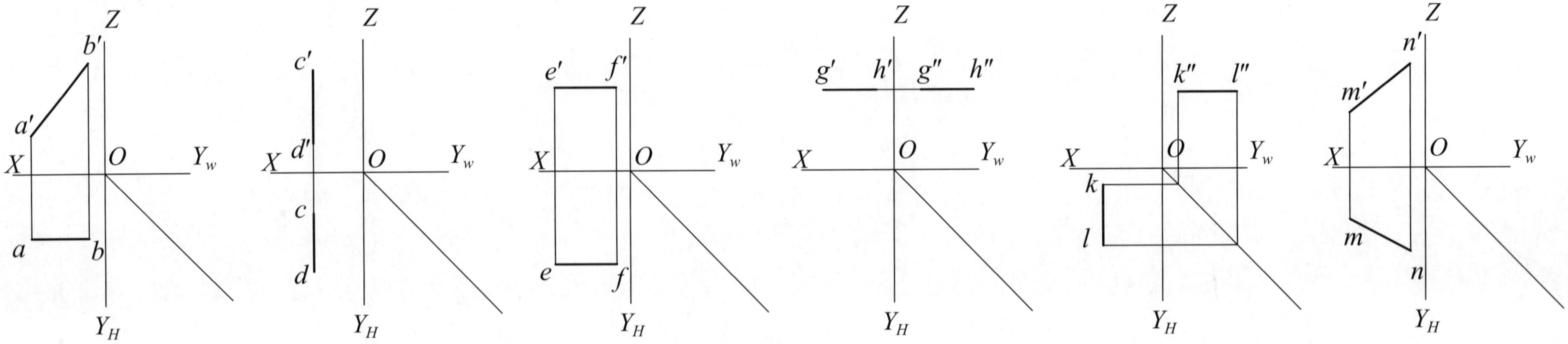

（1）__________线 （2）__________线 （3）__________线 （4）__________线 （5）__________线 （6）__________线

2. 已知线段 *AB* 的端点 *A*(5, 15, 13)、*B*(15, 3, 6)，作出其三面投影，并在 *AB* 上取一点 *C*，使 *AC* ∶ *CB*=3。

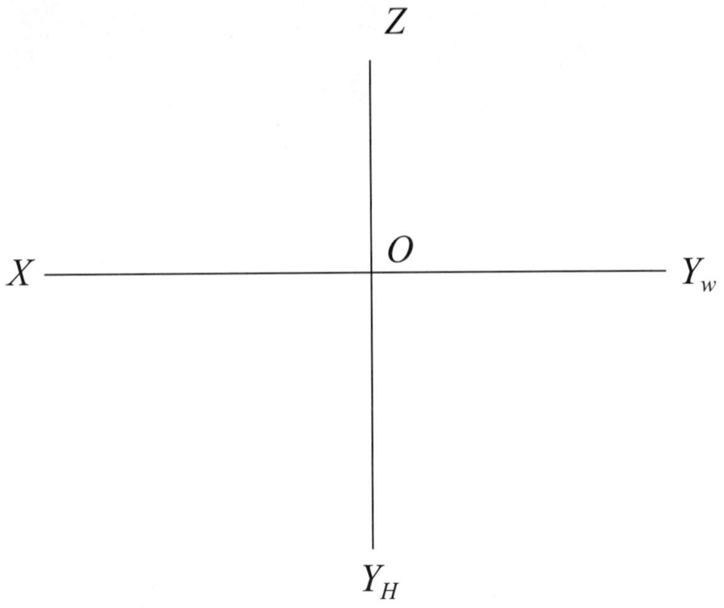

3. 在三视图中标出直线 *AB*、*BC*、*AE*、*EF* 的三面投影，并判断其对于投影面的位置，完成填空。

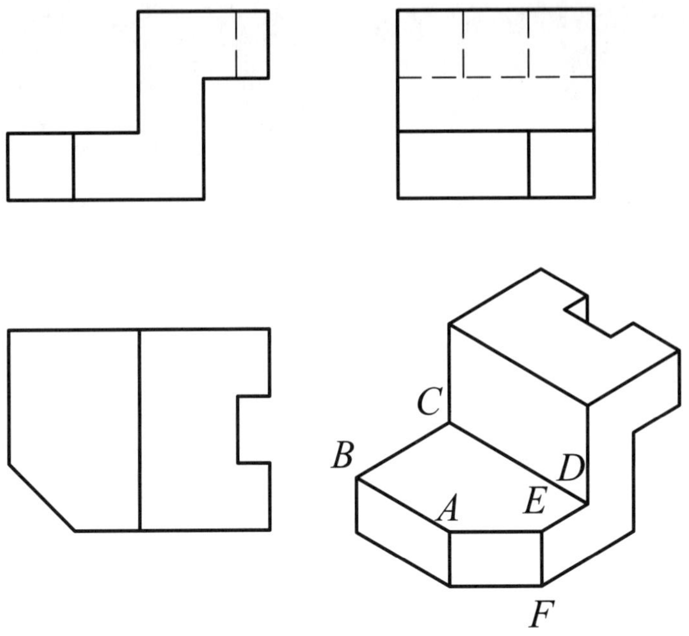

*AB*是__________线

*BC*是__________线

*AE*是__________线

*EF*是__________线

判别直线 *AB* 和 *CD* 的相对位置（平行、相交、交叉）。

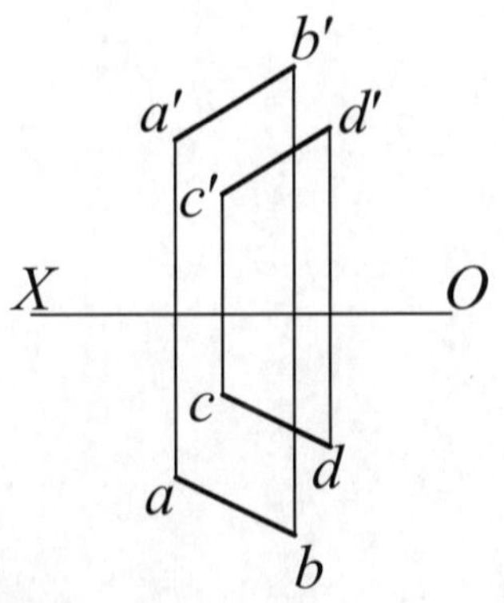

(1)__________

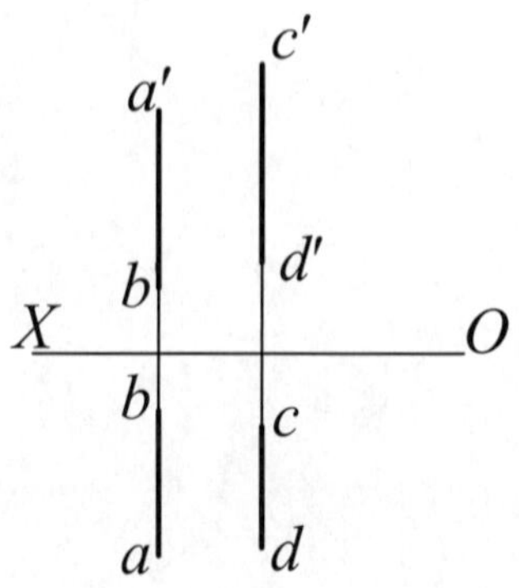

(2)__________

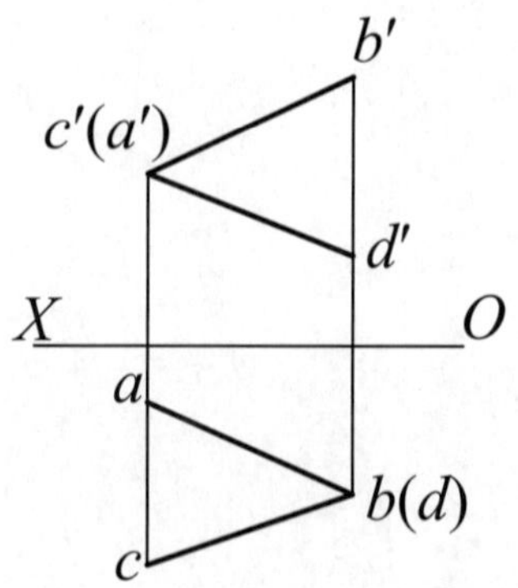

(3)__________

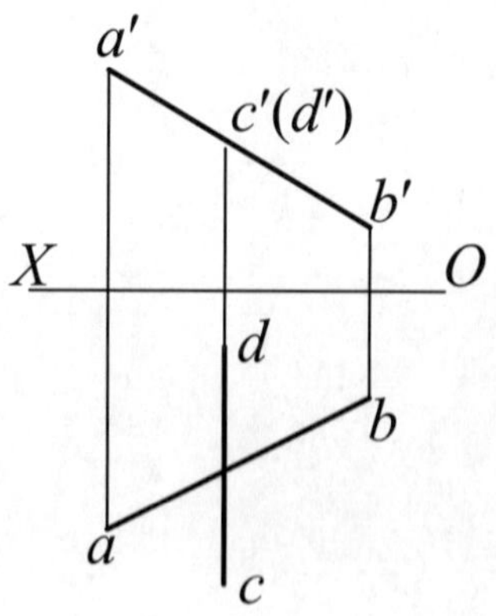

(4)__________

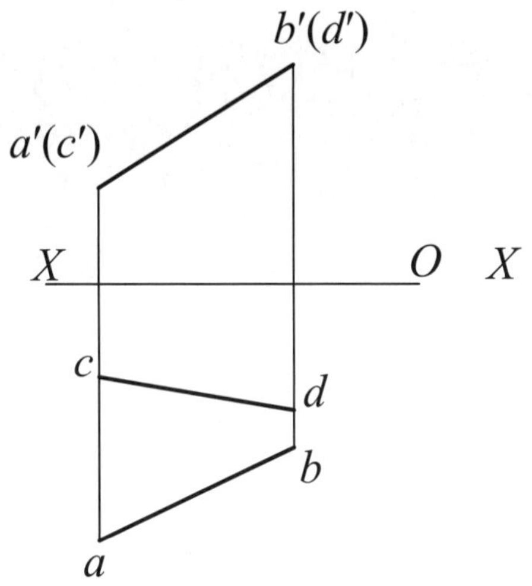

(5)__________

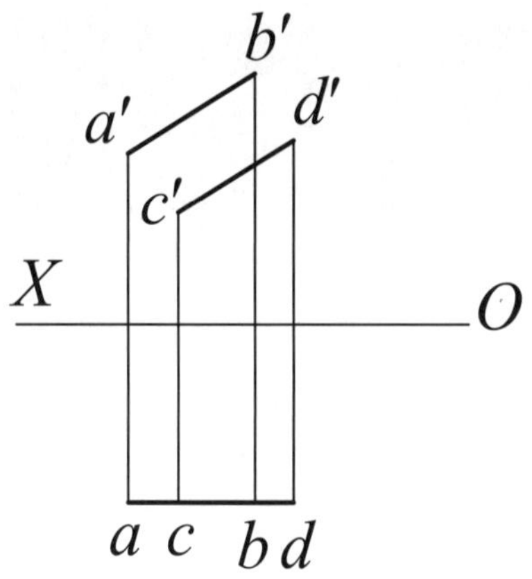

(6)__________

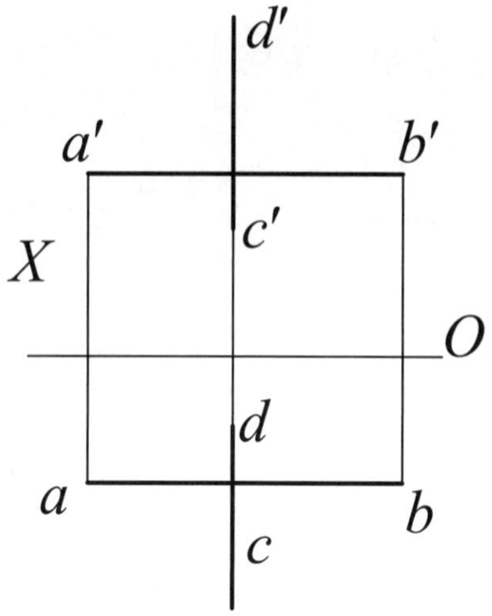

(7)__________

1. 判断下列各图中的平面是什么位置的平面，其中完成（3）、（5）、（6）中平面的第三面投影。

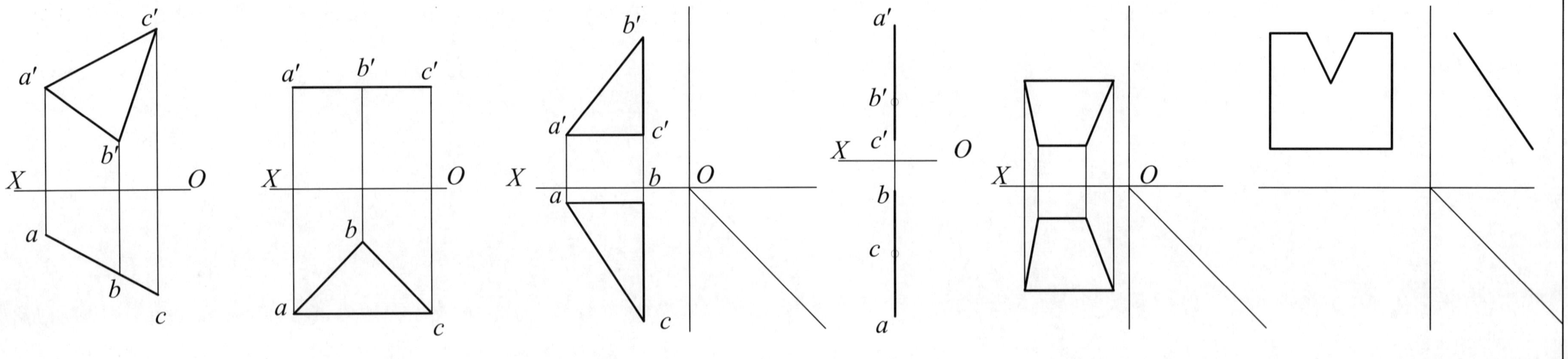

（1）（2）（3）（4）（5）（6）

2. 判别点 *K*、点 *M* 及直线 *BN* 是否在△*ABC* 所确定的平面内。

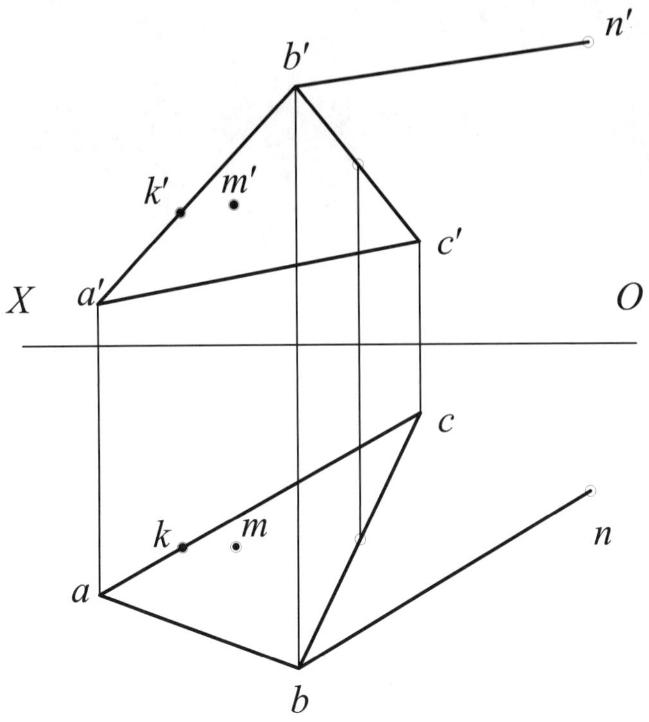

3. 在平面 *ABC* 上作距 *V* 面 20 的正平线 *MN* 的两面投影。

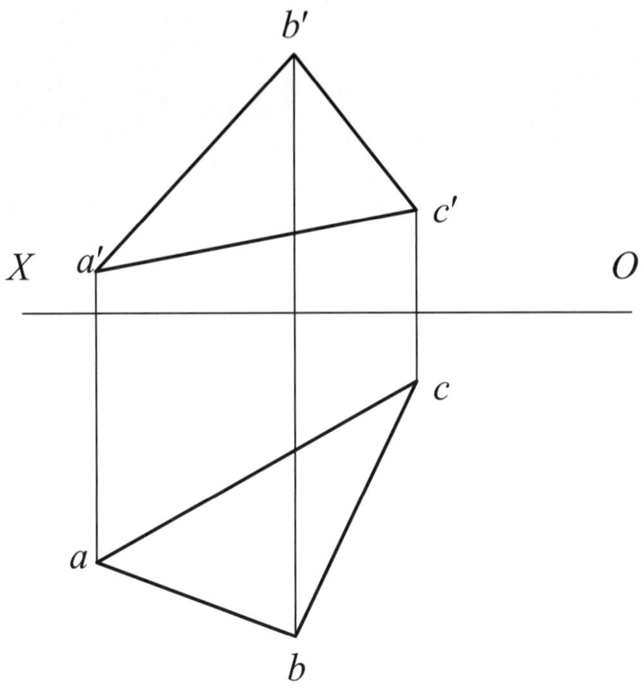

4. 完成四边形 *DEFG* 及面内△*ABC* 的 *H* 面投影。

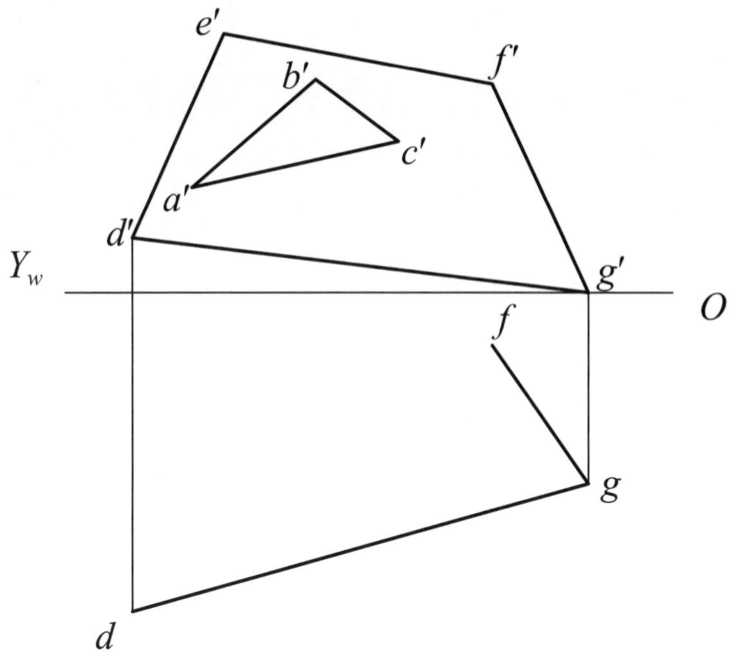

标出指定的图线和线框在其他视图上的投影，并填空。

1.

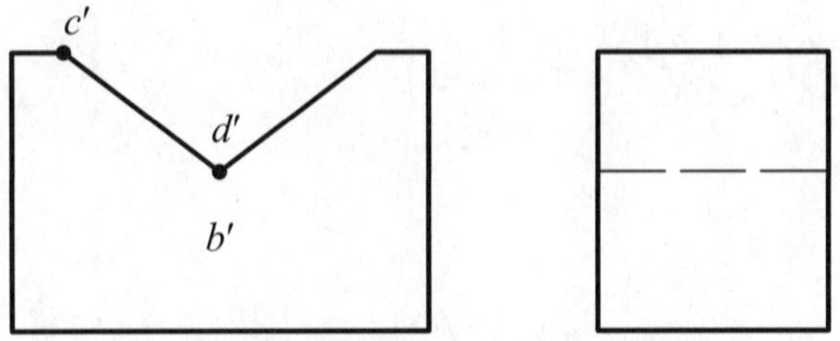

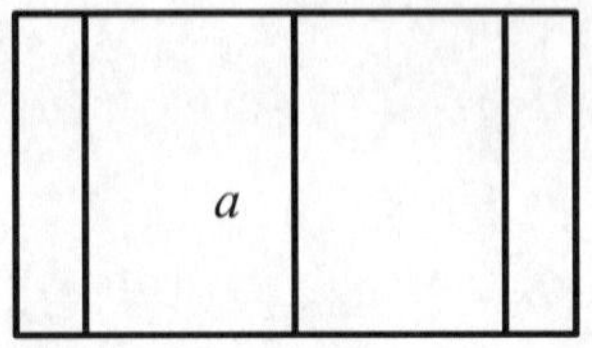

CD是________线

A面是________面

B面是________面

2.

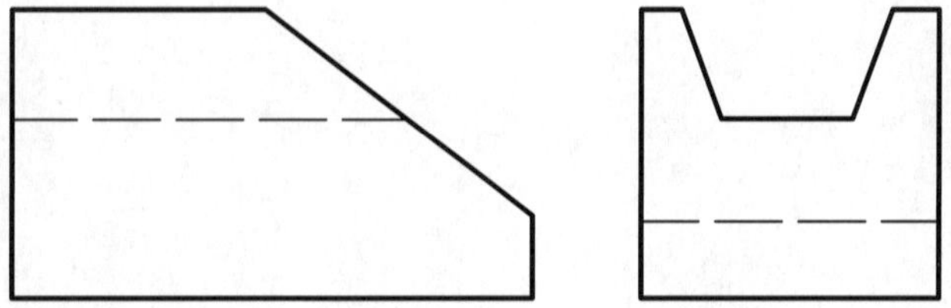

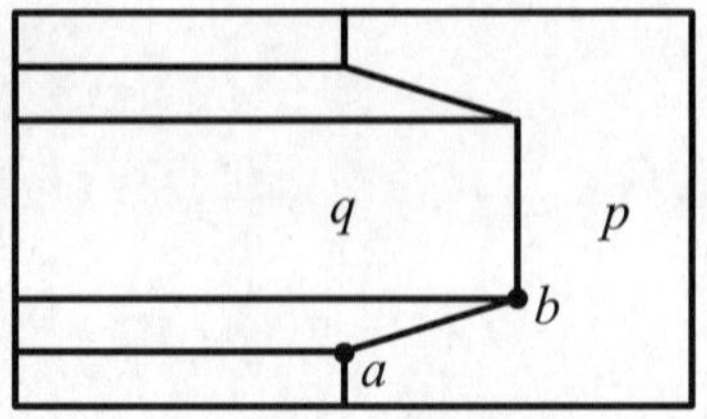

AB是________线

P面是________面

Q面是________面

3.

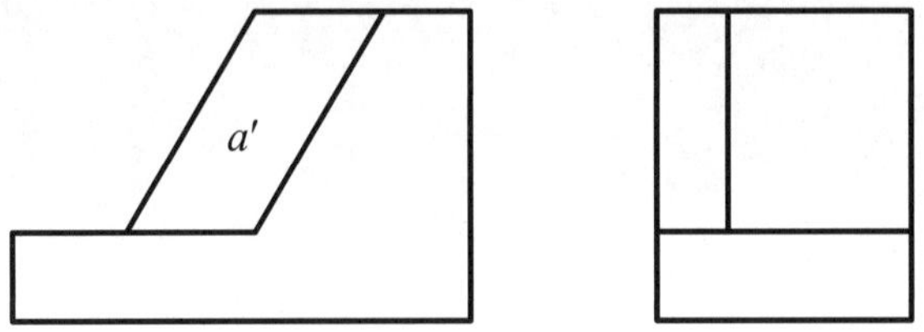

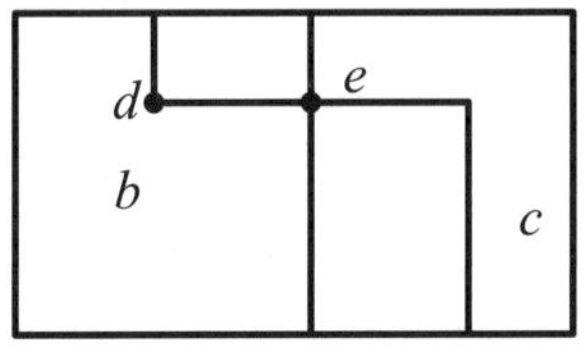

A面是________面

B面在C面之________

DE是________线

4.

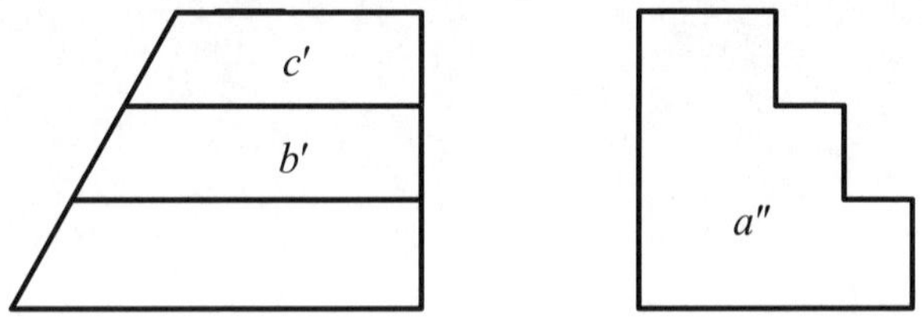

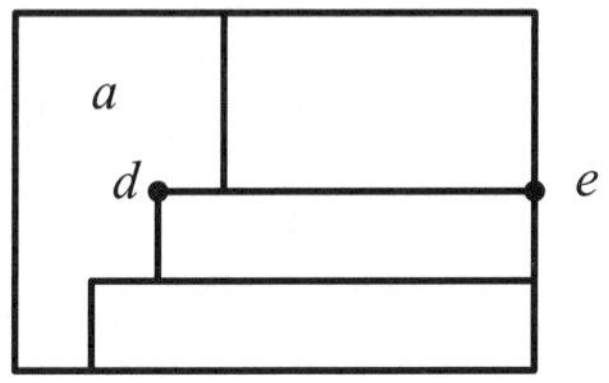

A面是________面

B面在C面之________

DE是________线

3-1　投影基本理论——平面的投影	姓名	班级	学号	12

1. 作出五棱柱的侧面投影，并补全其表面上诸点 A、B、C、D 的三面投影。

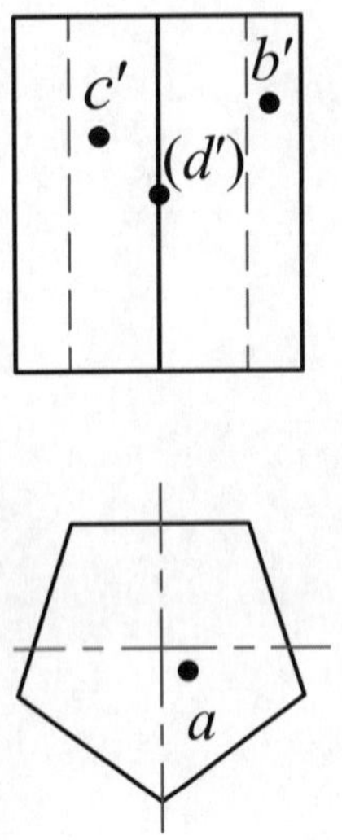

2. 作出三棱锥的侧面投影，并补全其表面上诸点 A、B、C 的三面投影。

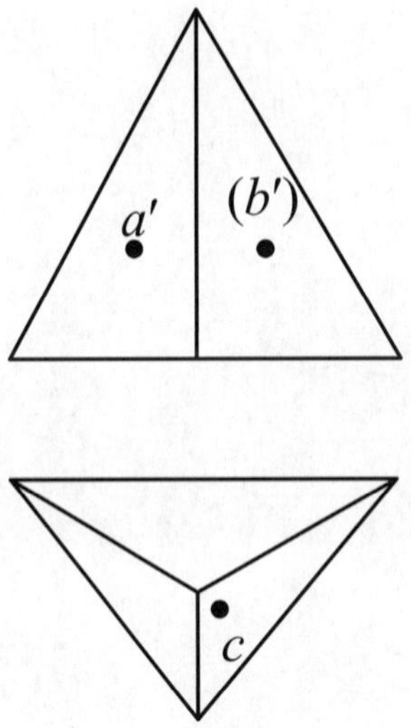

3. 作出四棱台的侧面投影，并补全其表面上诸点 A、B、C 的三面投影。

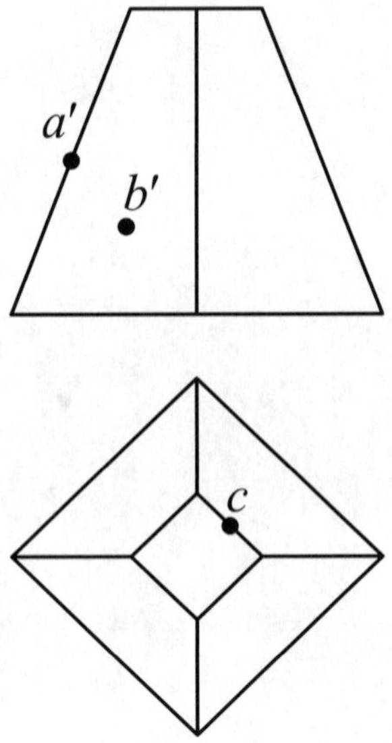

4. 完成截切四棱柱的三面投影。

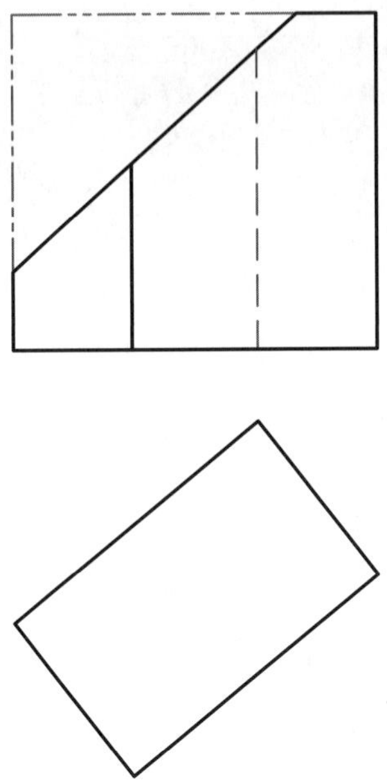

5. 作出立体的侧面投影。

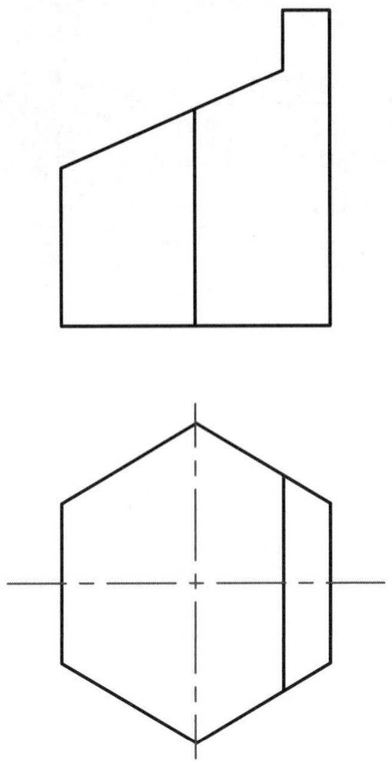

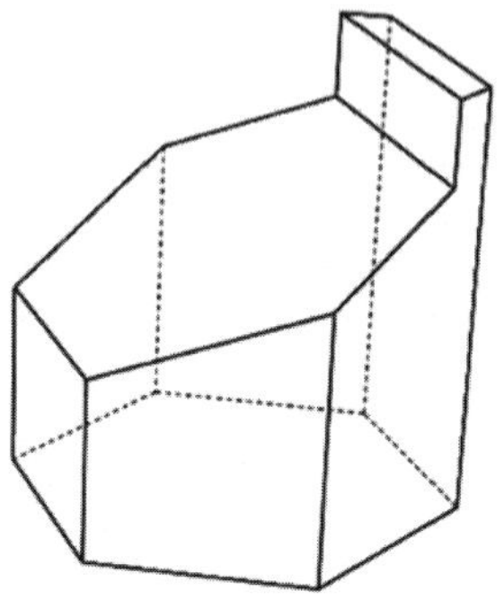

3-2　基本几何体的三视图——平面立体及截交线（二）

姓名　　　　班级　　　　学号

1. 作四棱锥被截切后的俯视图与左视图。

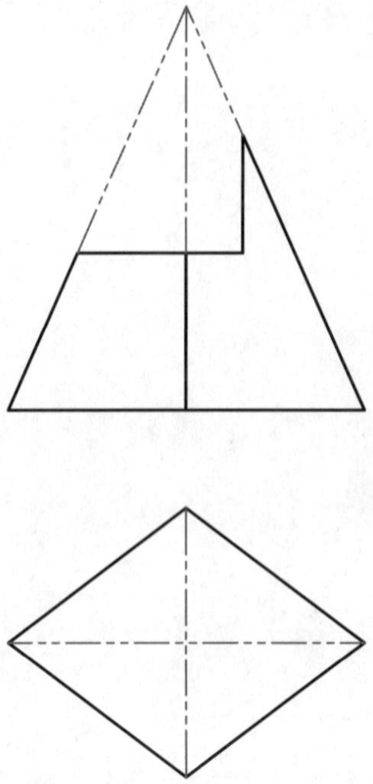

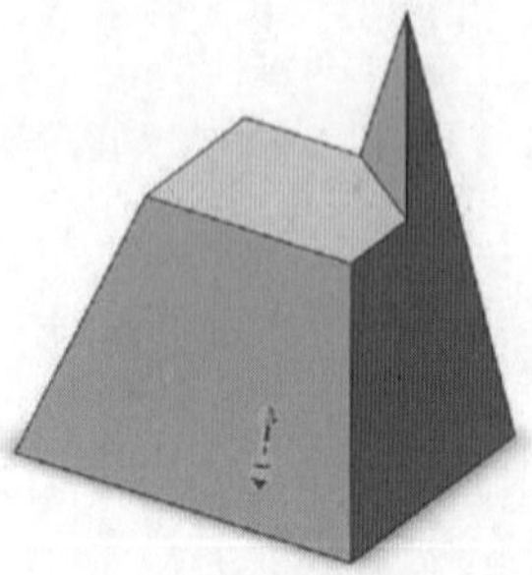

2. 作出立体的水平投影。

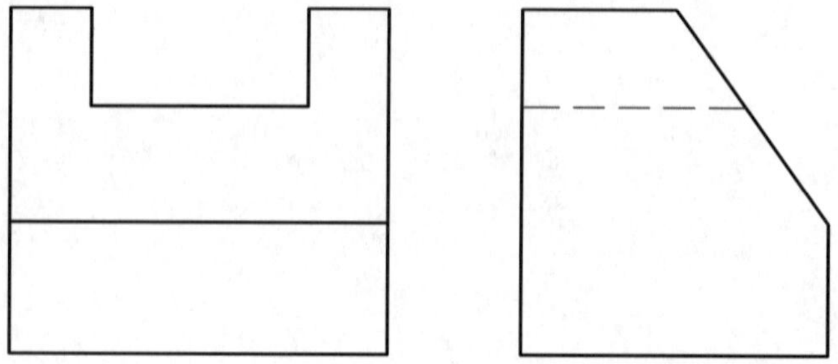

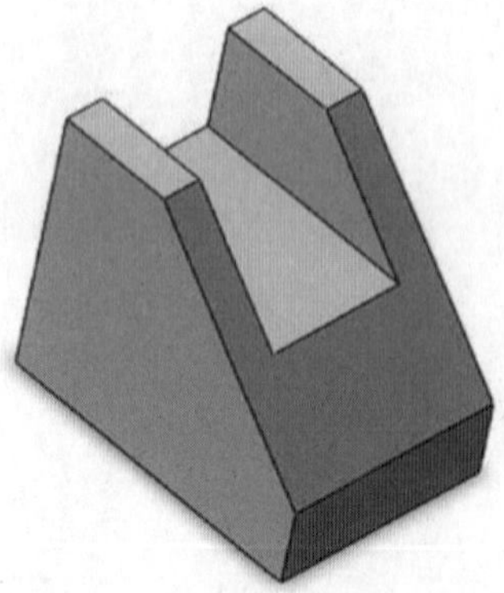

3. 求八棱柱被平面 *P* 截切后的俯视图。

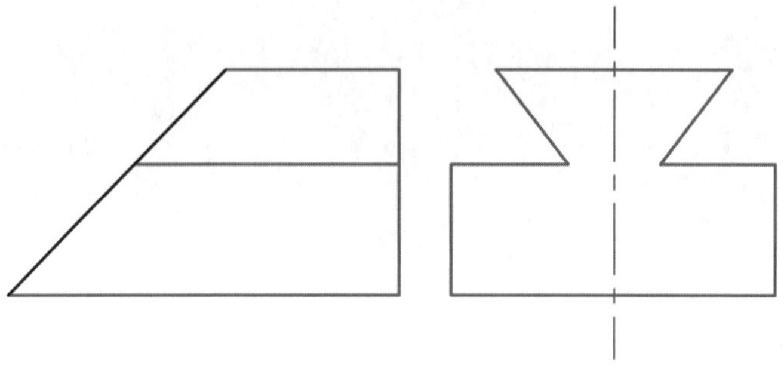

4. 作出带有矩形穿孔的三棱柱的侧面投影。

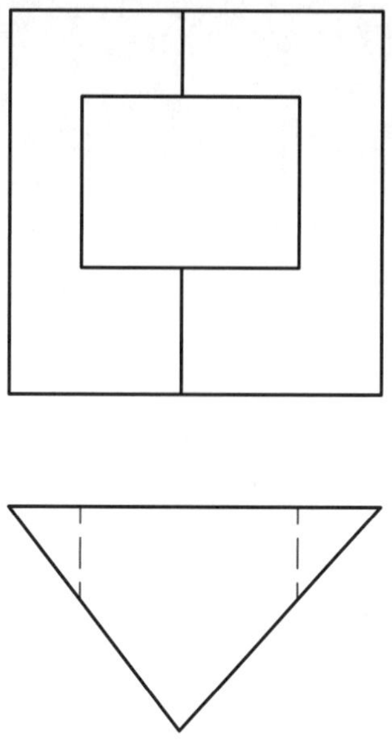

3-3 基本几何体的三视图——曲面立体及截交线

姓名　　　　班级　　　　学号

1. 作出圆柱的水平投影，补全其表面上各点的三面投影。

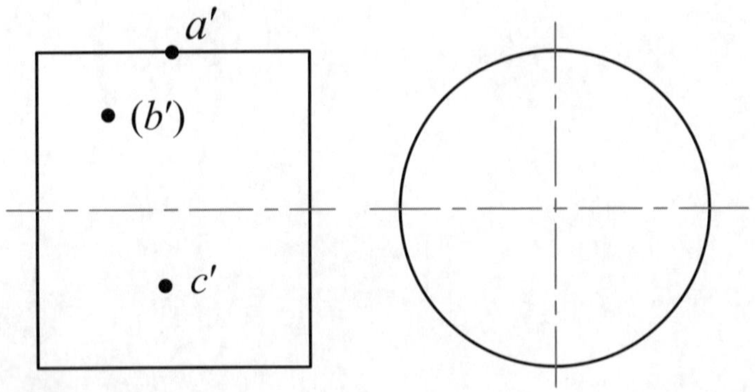

2. 作出圆锥体的水平投影，补全其表面上各点的三面投影。

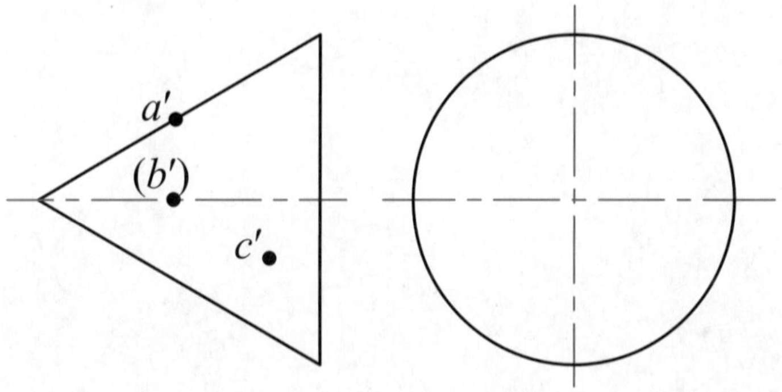

3. 补全球表面上各点的三面投影。

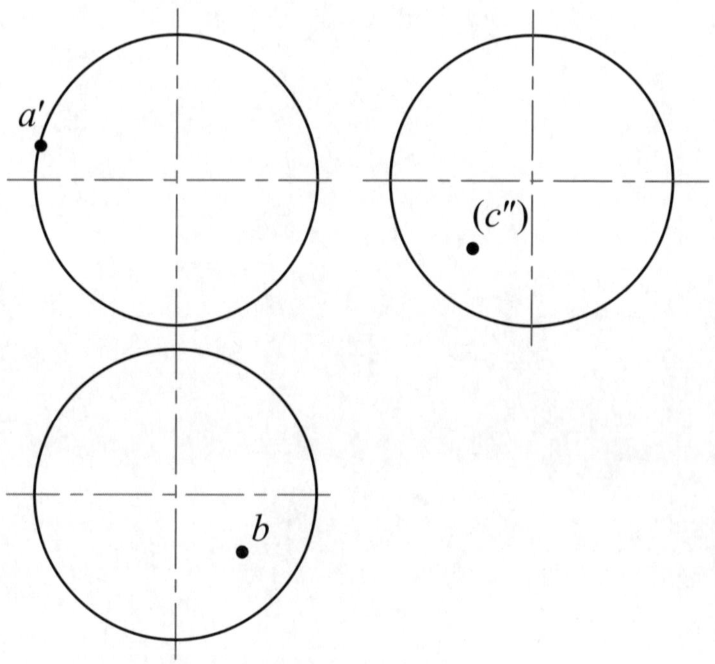

4. 完成圆柱被截后的侧面投影。

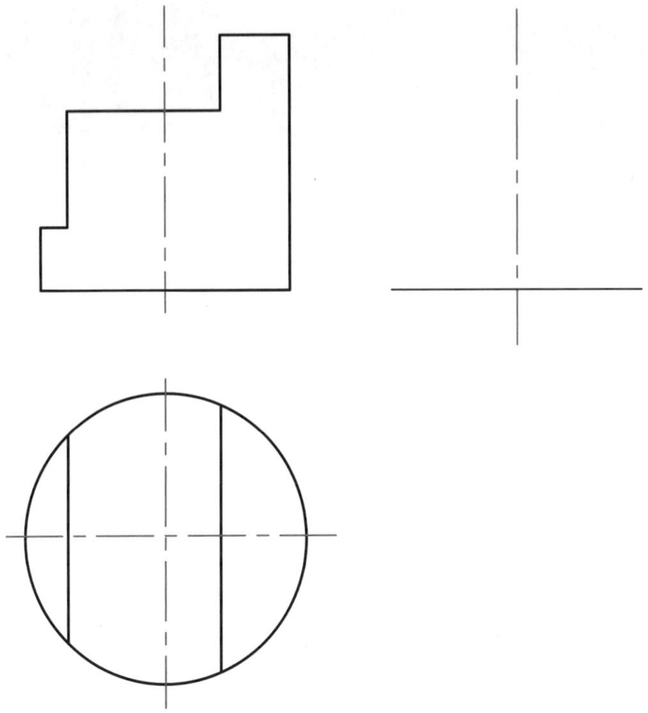

5. 求圆柱被截切后的水平投影。

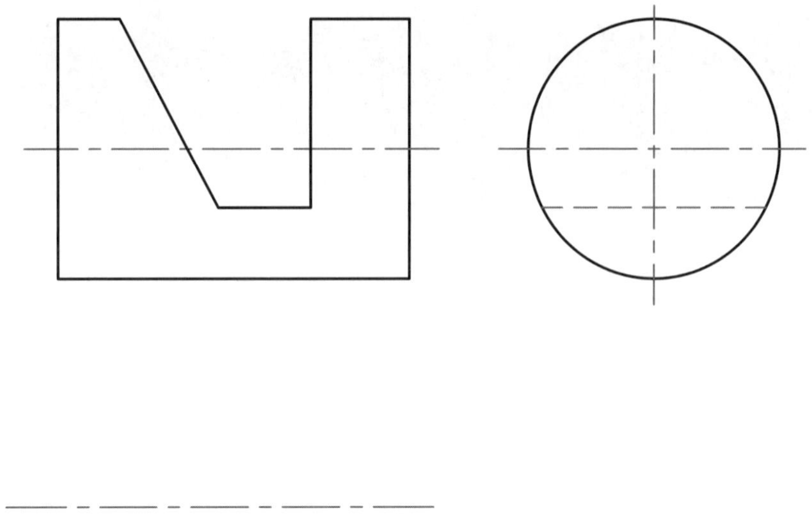

6. 完成圆柱被截后的侧面投影。

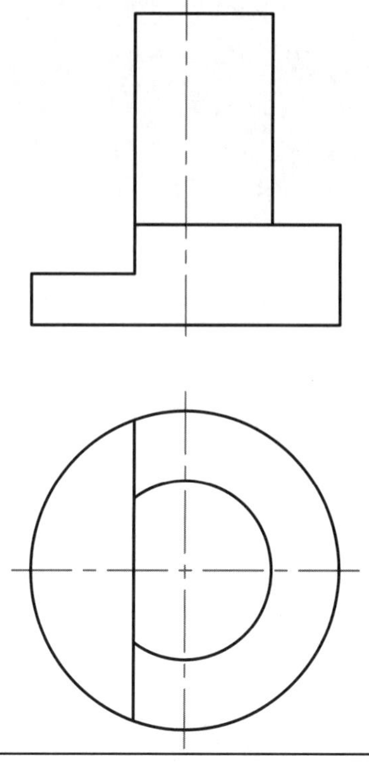

1. 完成圆柱被截后的侧面投影。

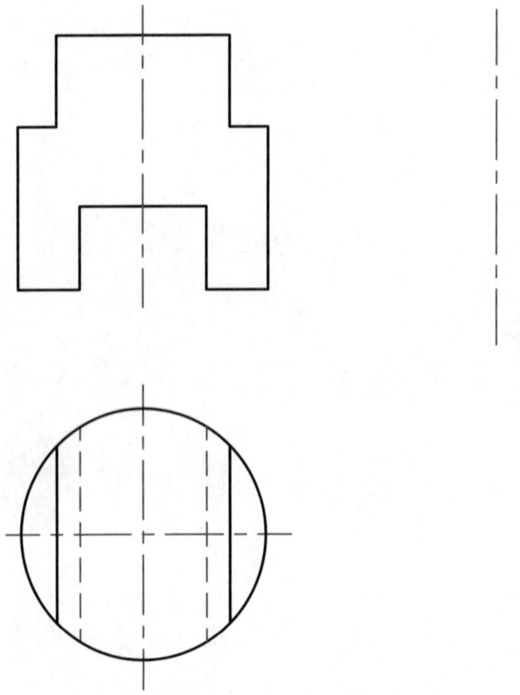

2. 完成立体的侧面投影。

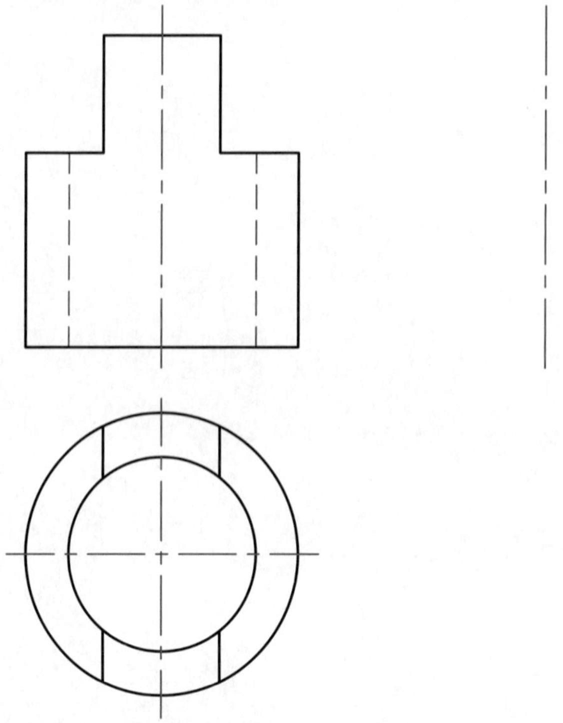

3. 完成圆柱被截后的侧面投影。

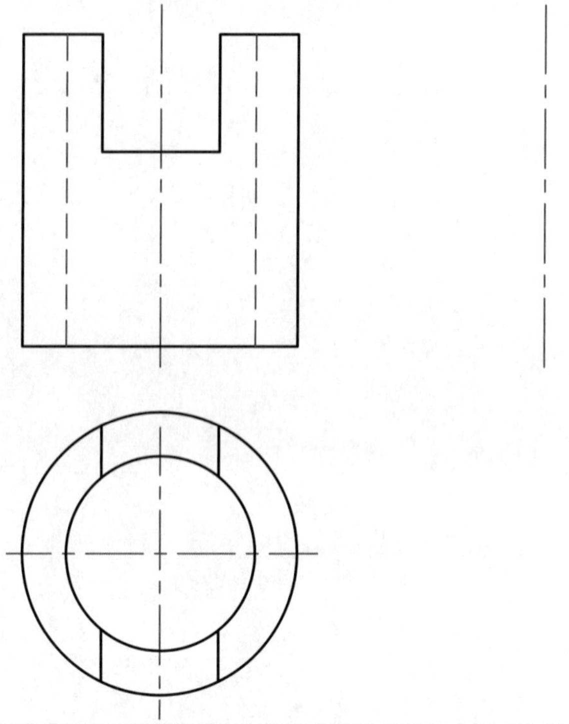

4. 求圆锥被截切后的水平投影。

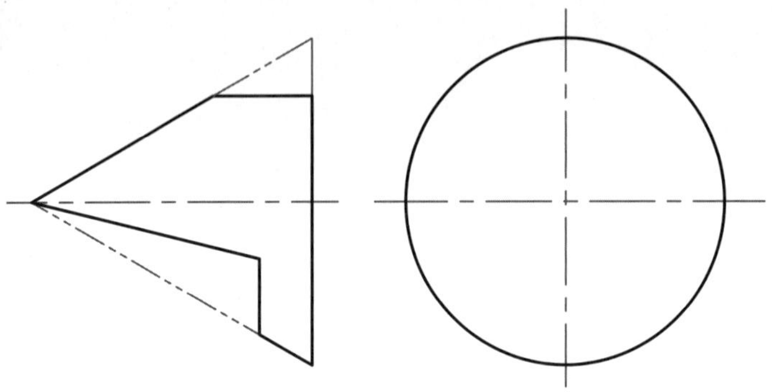

5. 完成圆锥被截后的水平与侧面投影。

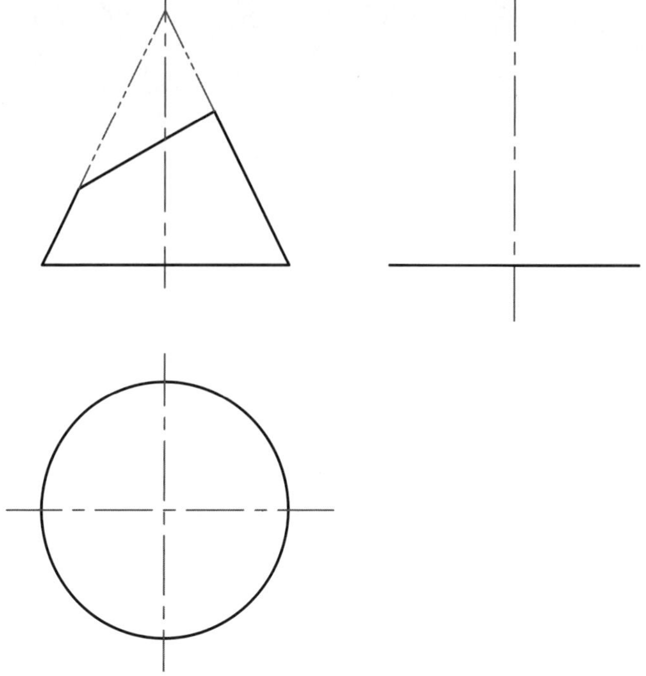

6. 完成圆锥被截后的水平与侧面投影。

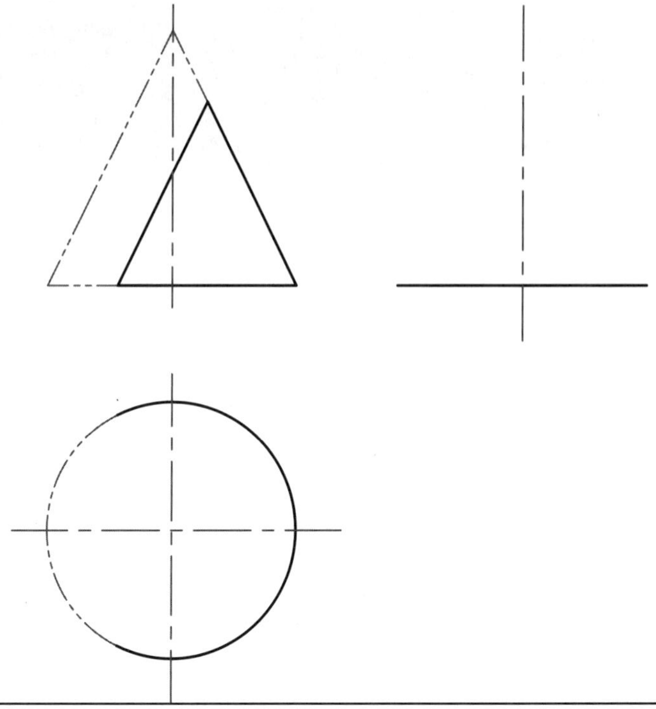

1. 完成圆锥被截后的水平与侧面投影。

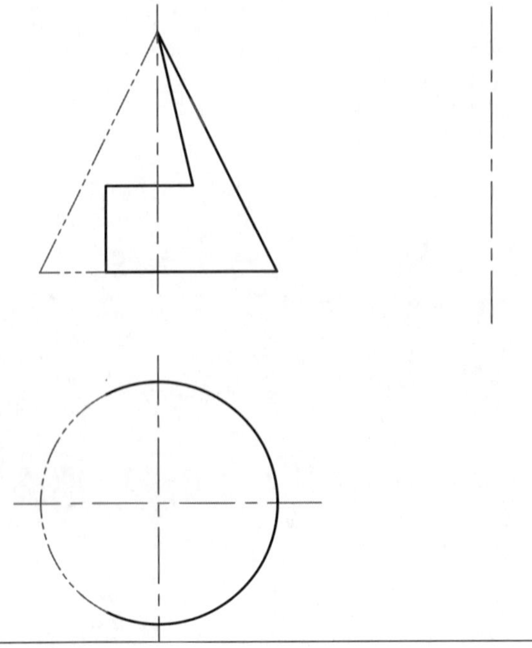

2. 完成半圆球被截后的水平与侧面投影。

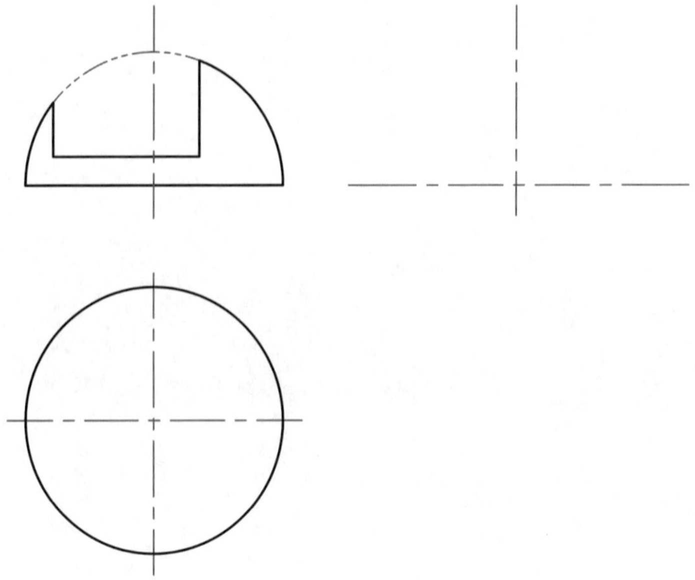

3. 完成组合体被截后的投影。

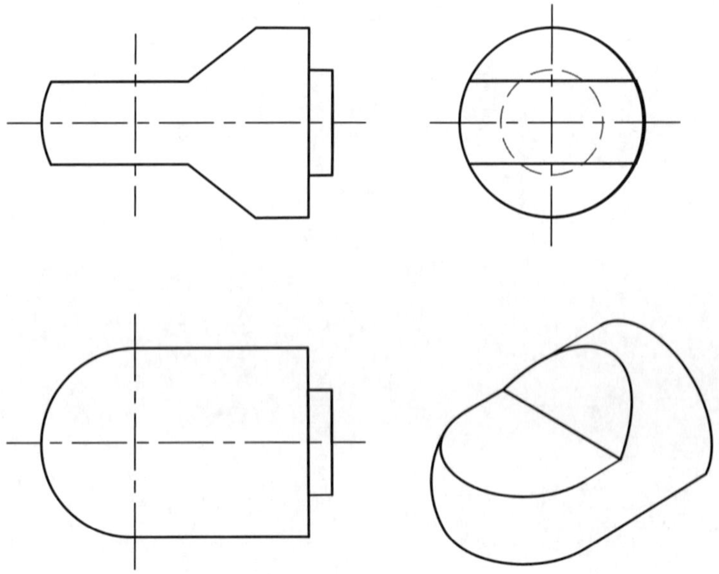

4. 完成顶尖的水平投影。

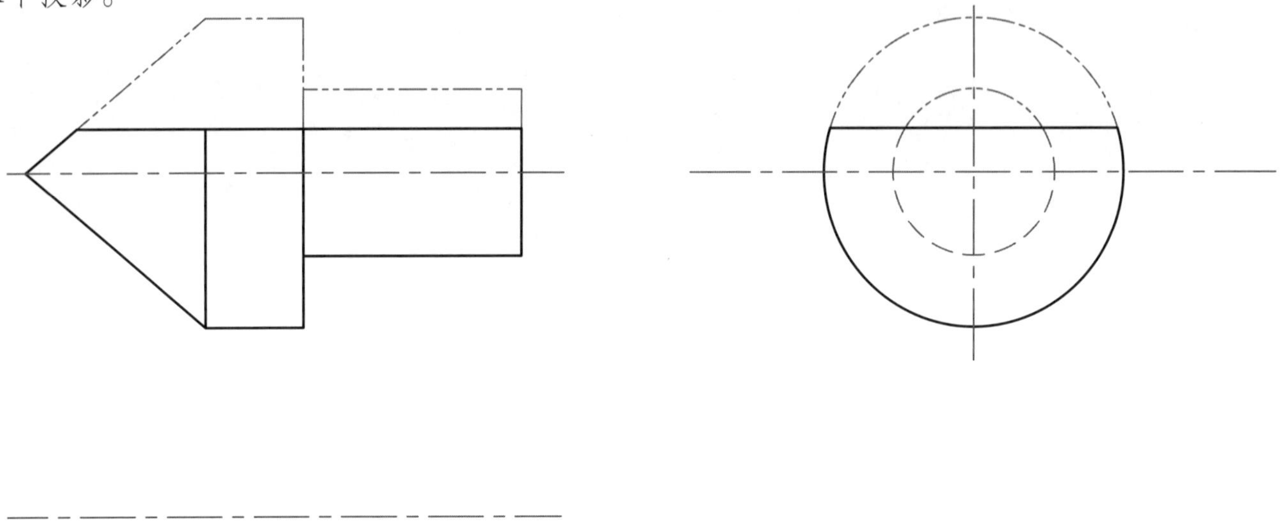

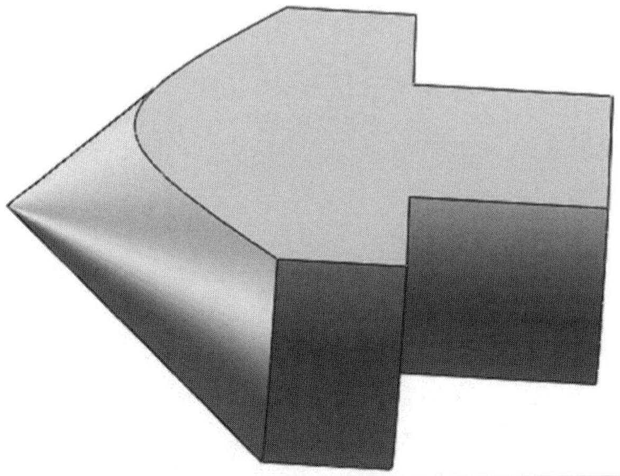

3-6 基本几何体的三视图——立体与立体相交（二）

姓名　　班级　　学号

1. 求相贯线。

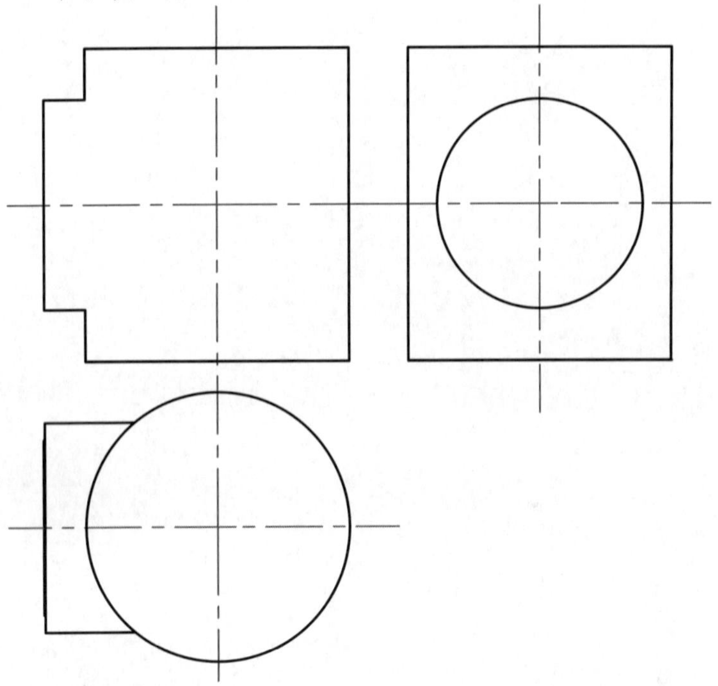

2. 求相贯线。

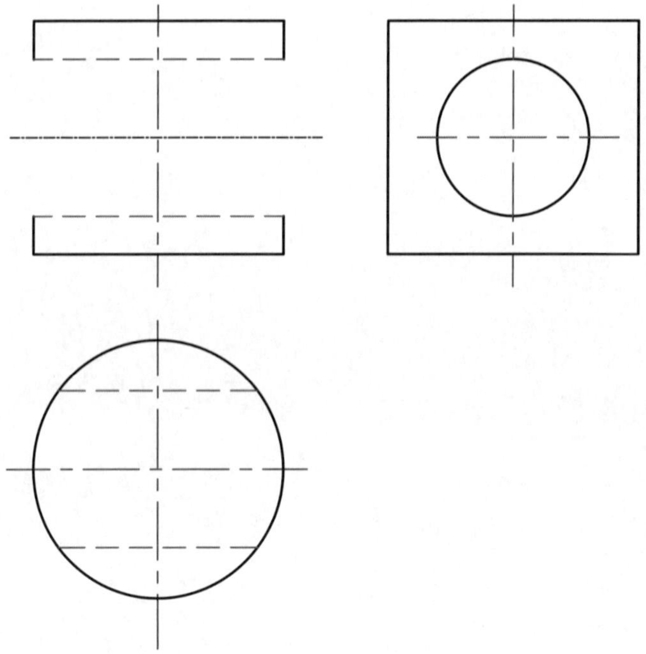

3. 求相贯线。

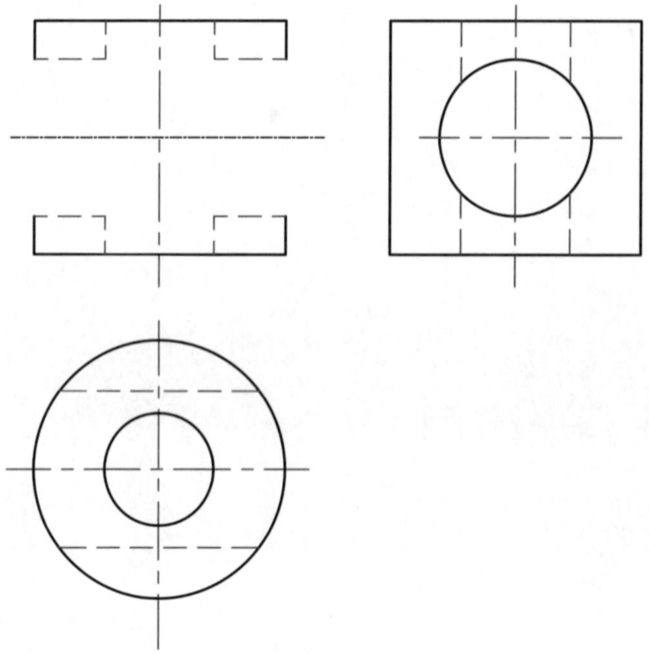

4. 求相贯线。

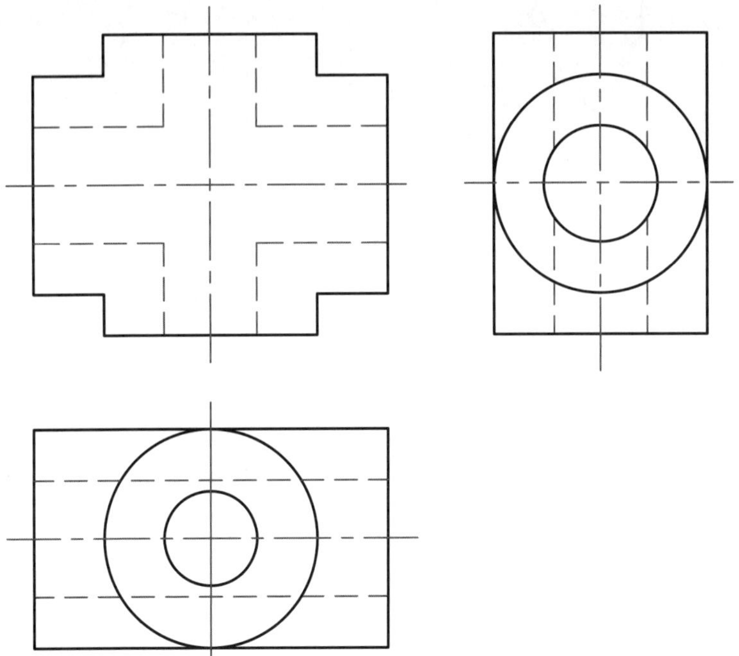

5. 求侧面投影。

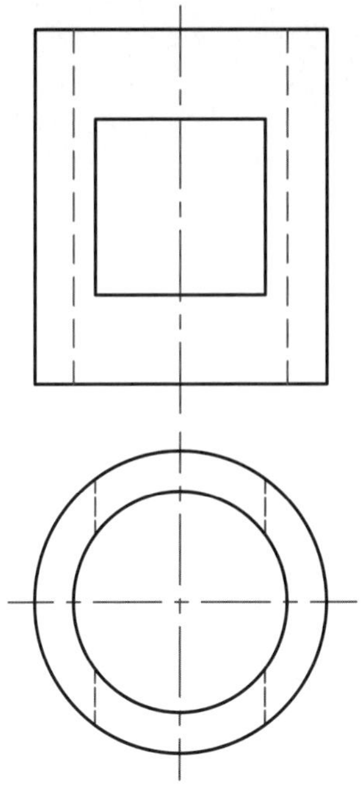

6. 补全主视图。

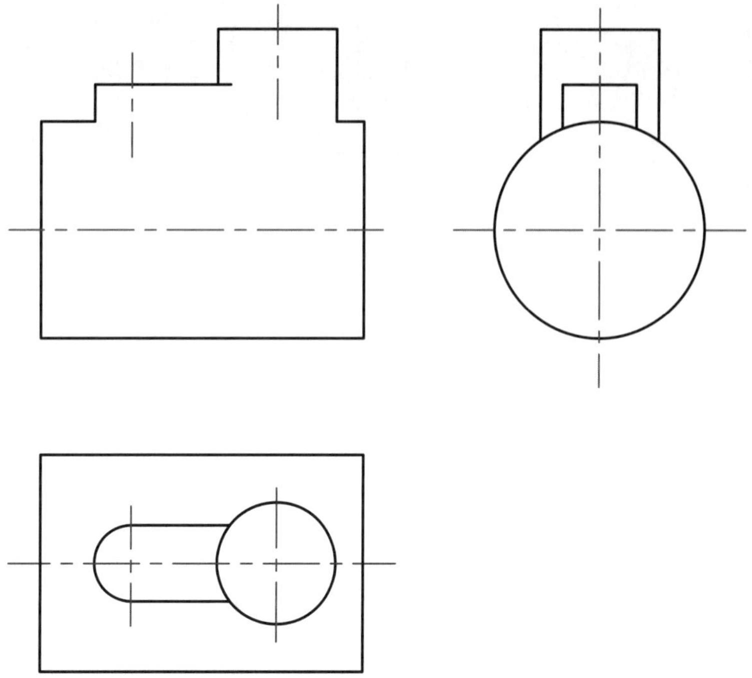

1.
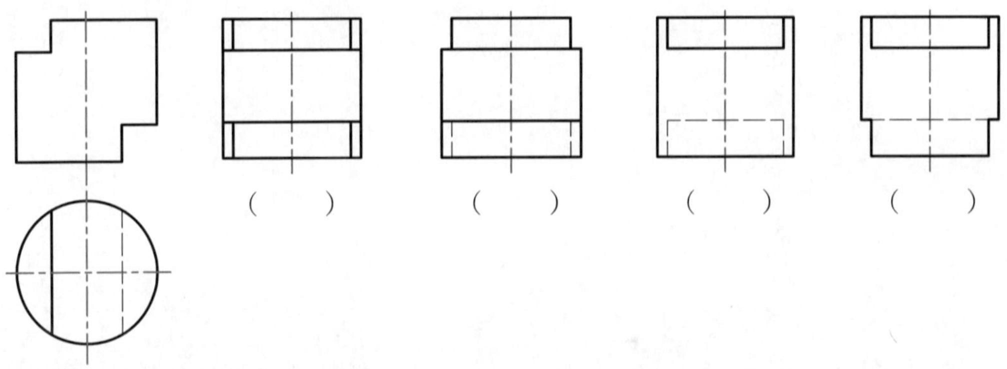
( ) ( ) ( ) ( )

2.
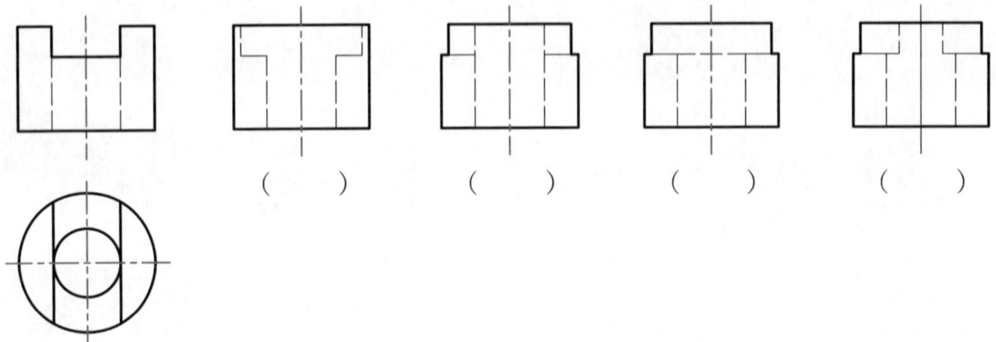
( ) ( ) ( ) ( )

3.
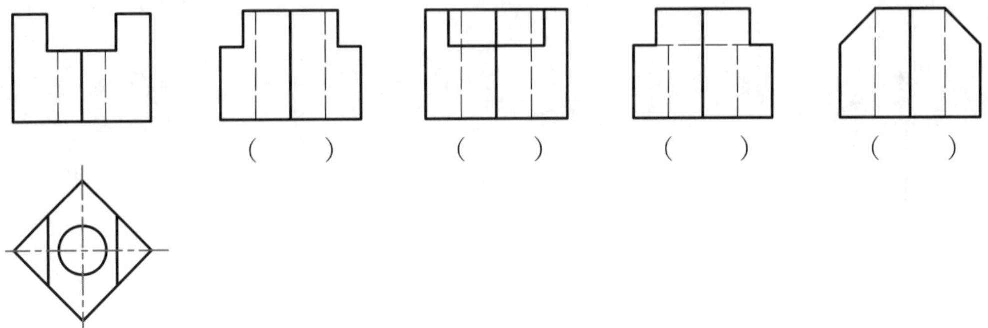
( ) ( ) ( ) ( )

4.
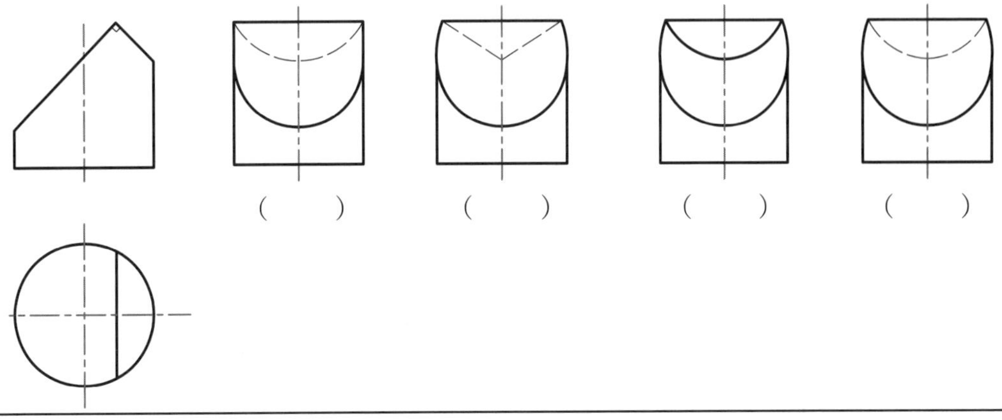
( ) ( ) ( ) ( )

5.
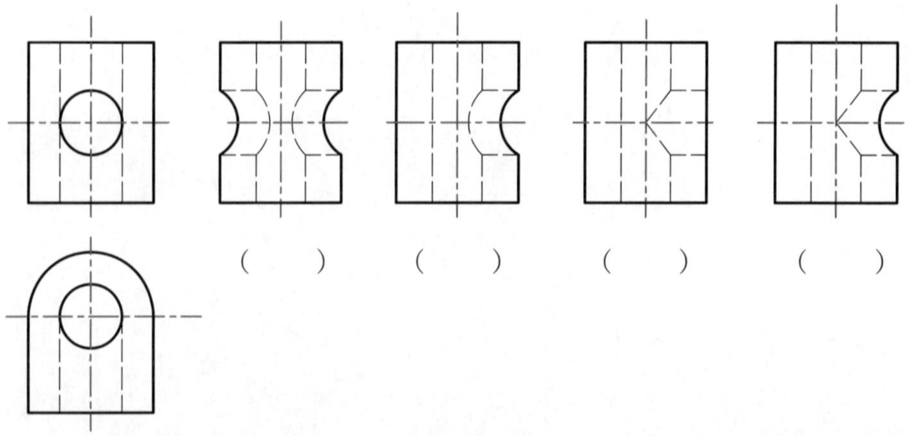
( ) ( ) ( ) ( )

6.
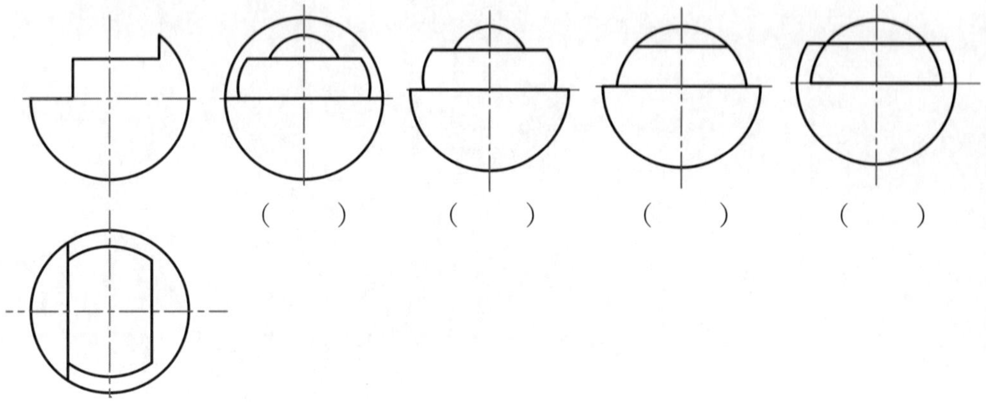
( ) ( ) ( ) ( )

7.
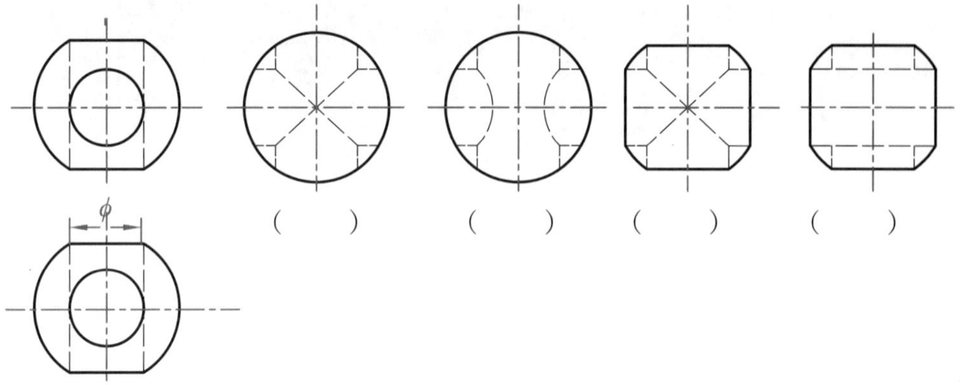

( ) ( ) ( ) ( )

8.
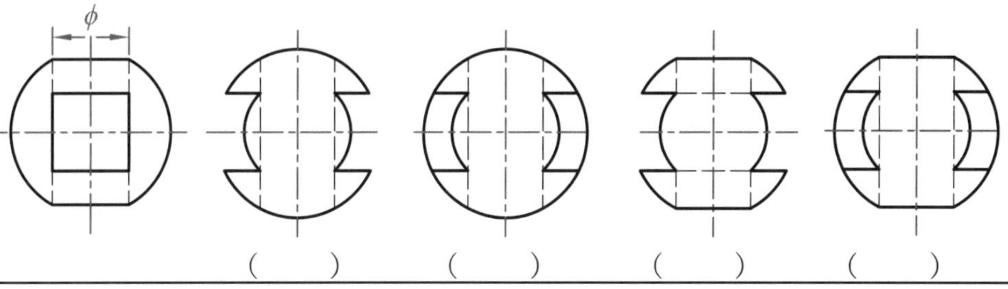

( ) ( ) ( ) ( )

1.

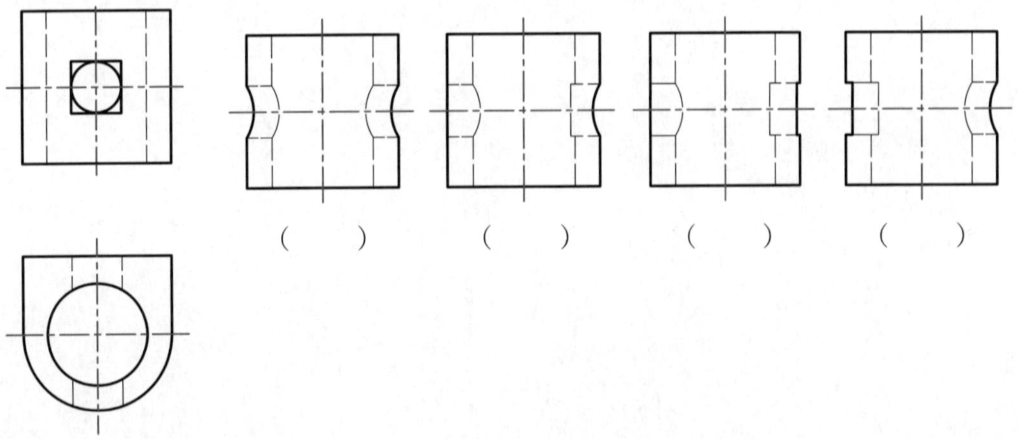

2.

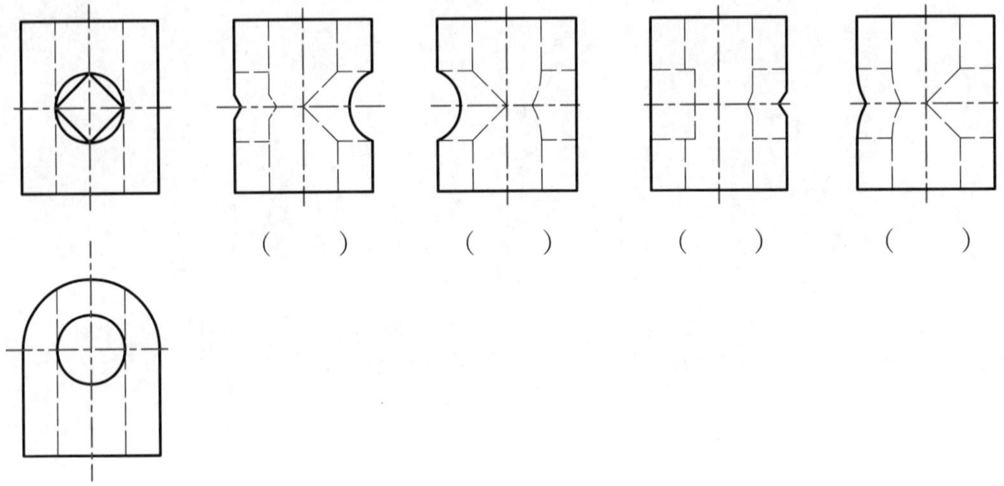

3.

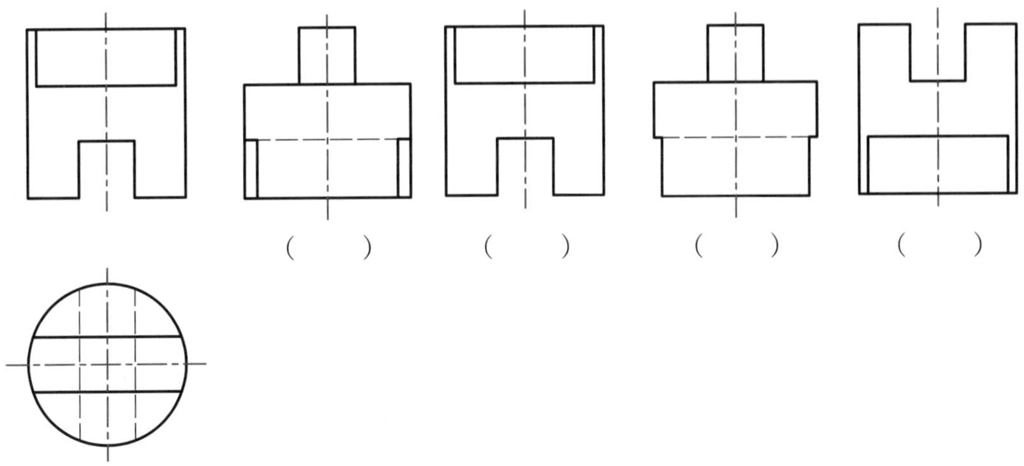

4.

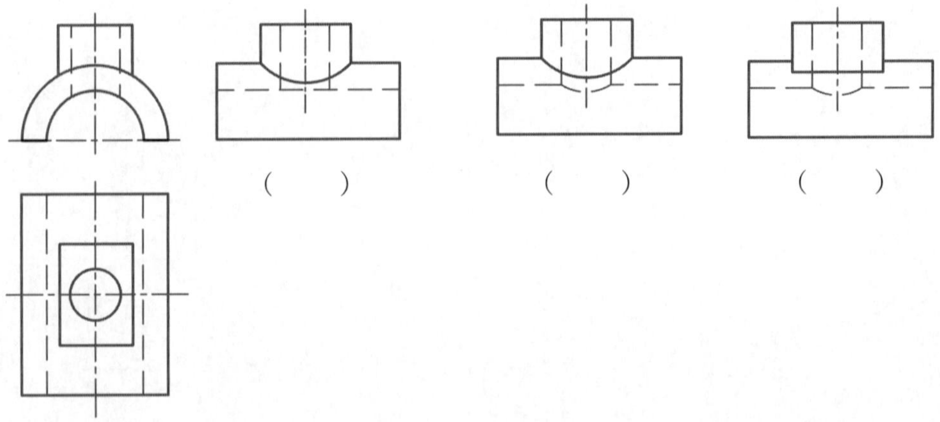

5.

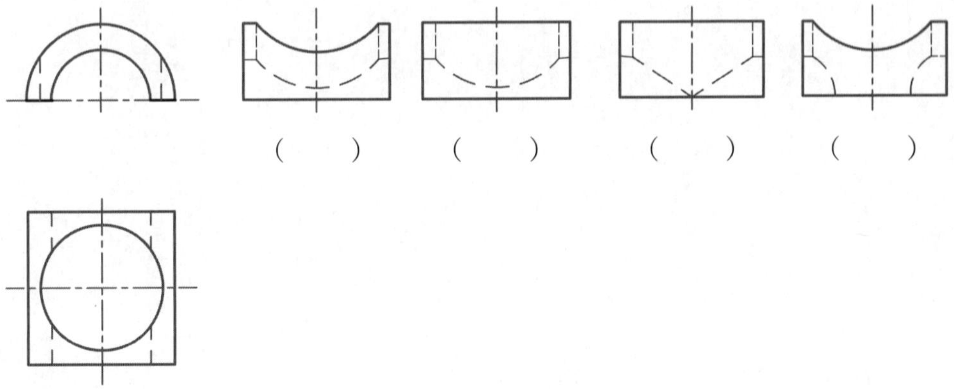

6.

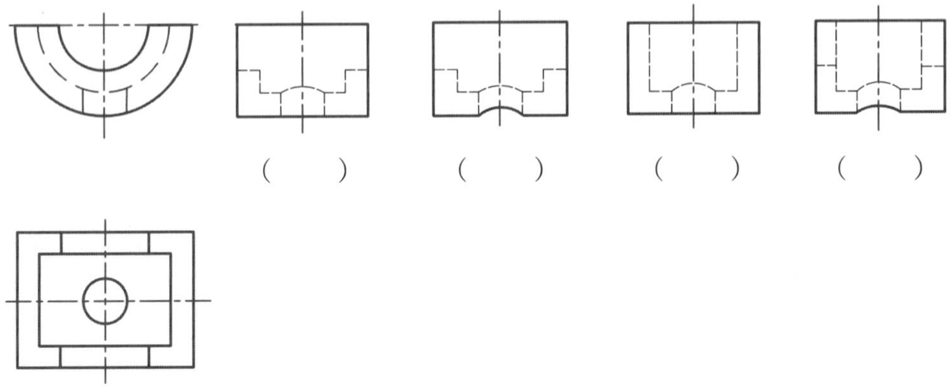

4-1 按组合过程分步看图及画图。依次想出题中各物体的形状，并画出第三视图 姓名　　班级　　学号

1.（1）

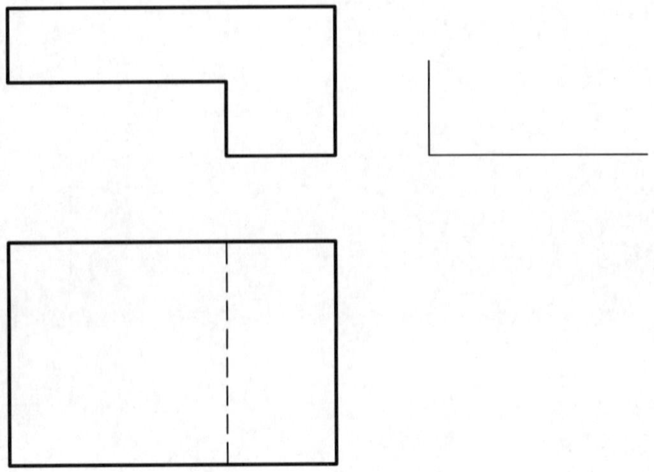

（2）

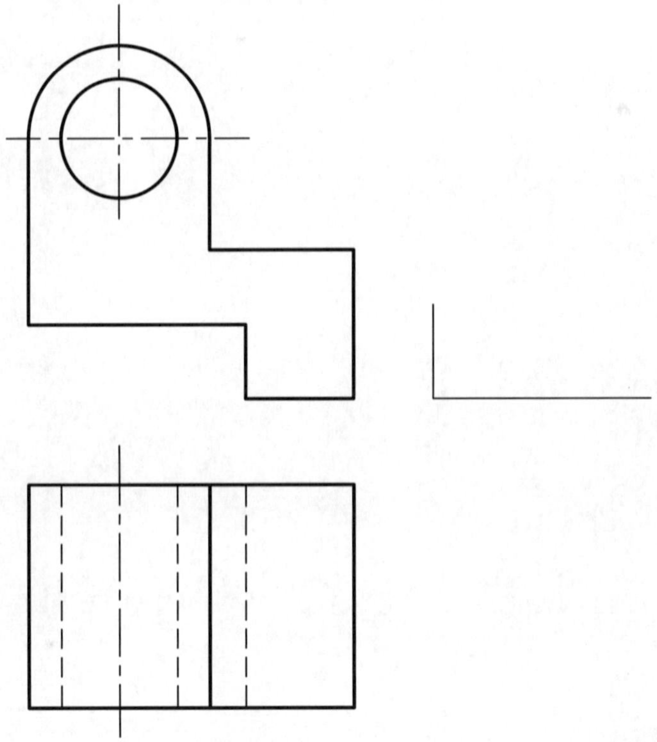

（3）

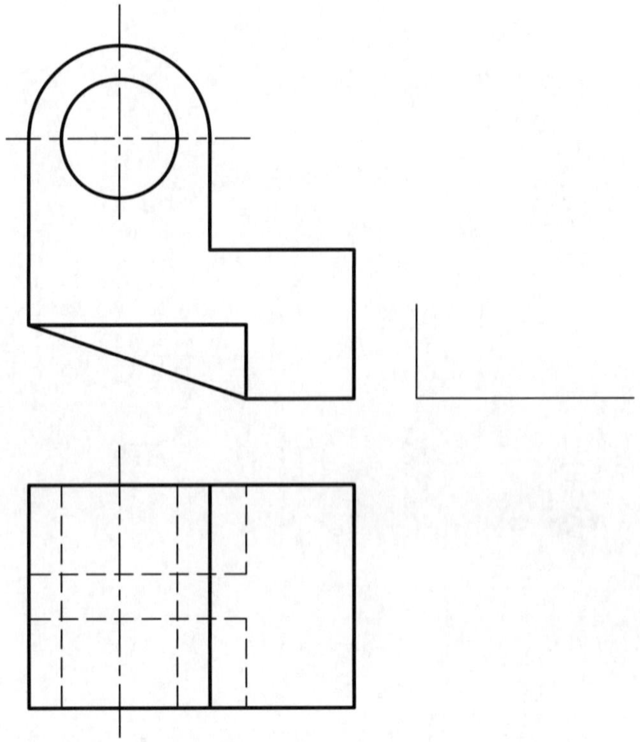

2.（1）

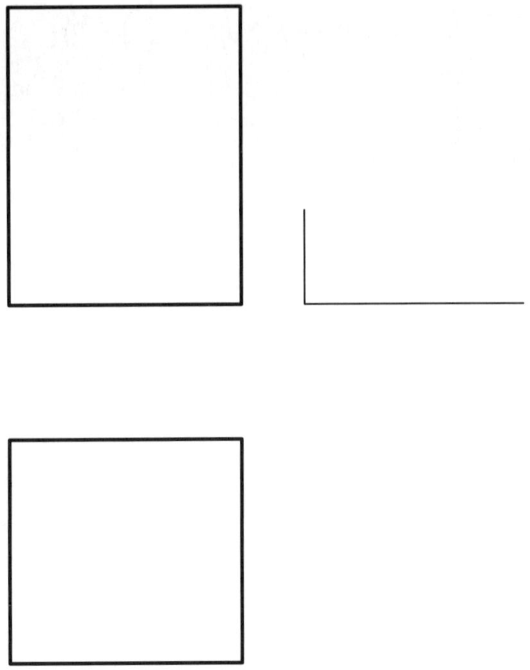

（2）

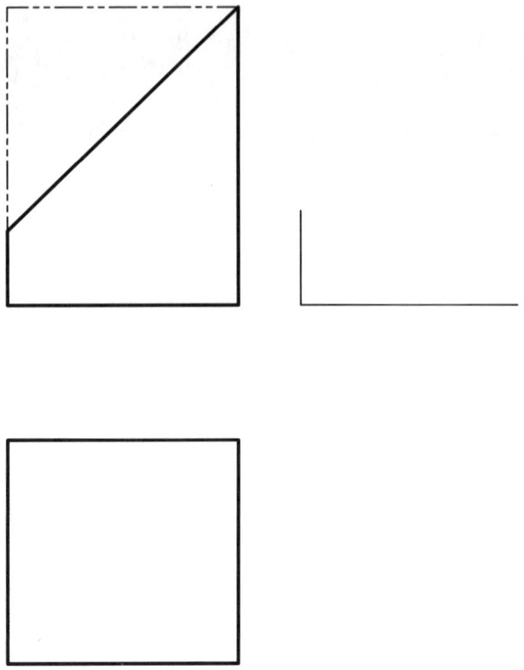

（3）

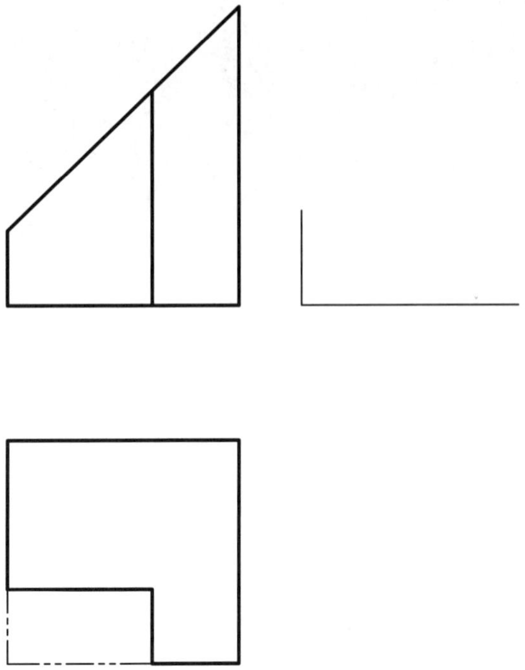

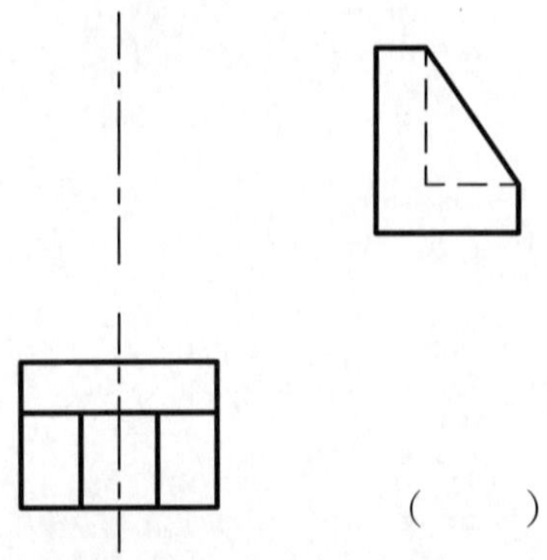

(　　)

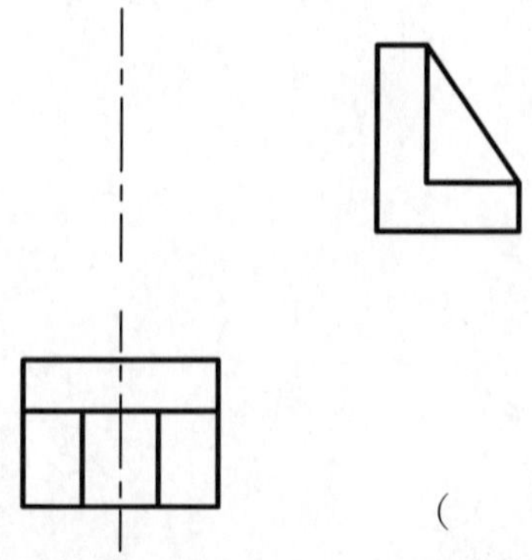

(　　)

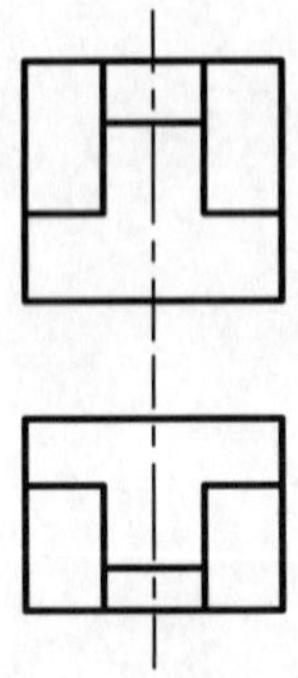

(　　)

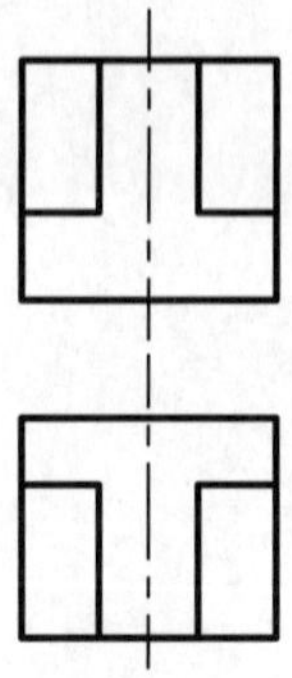

(　　)

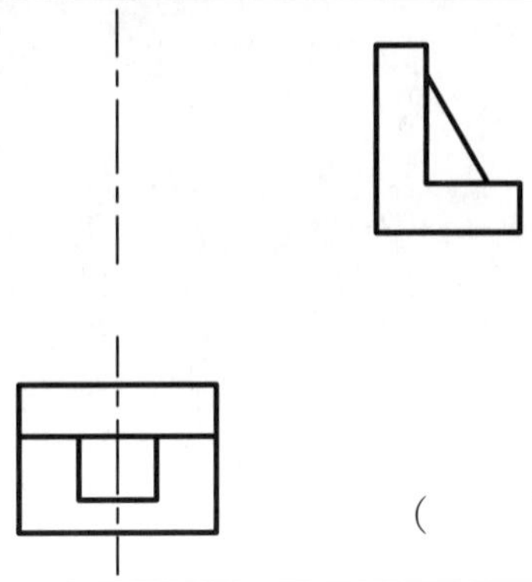

(　　)

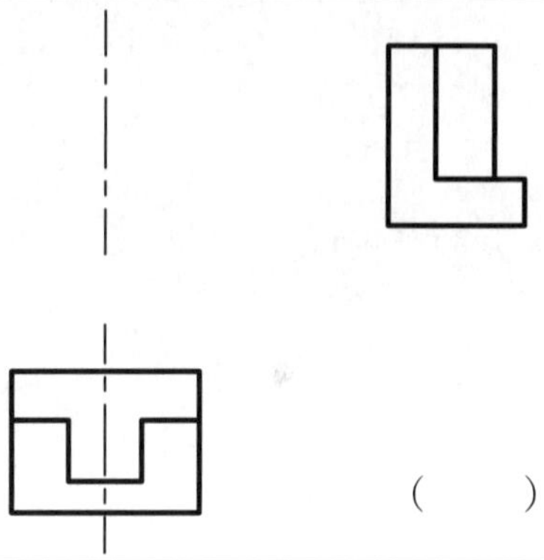

(　　)

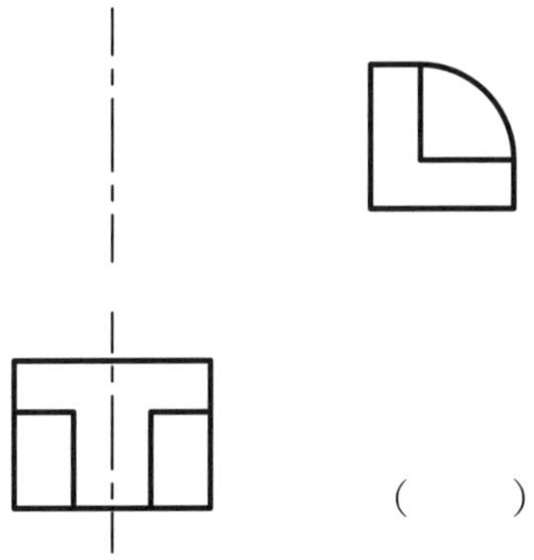

(　　)

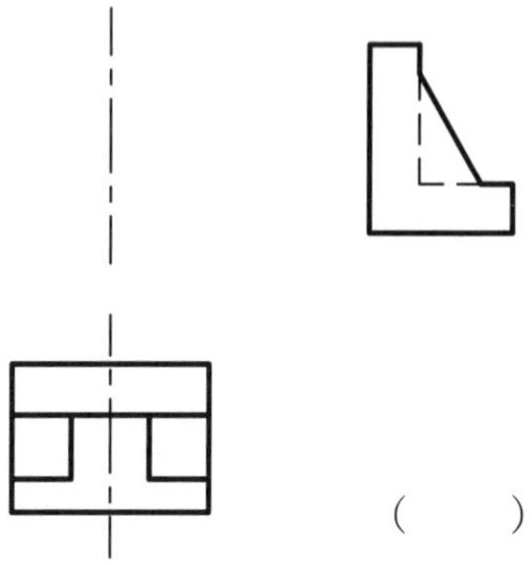

(　　)

1.

2.

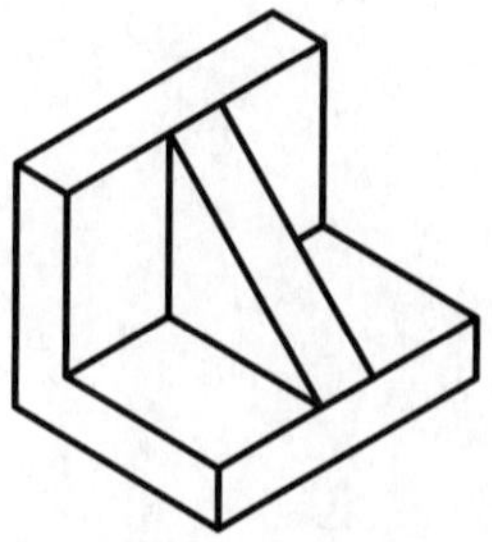

3.

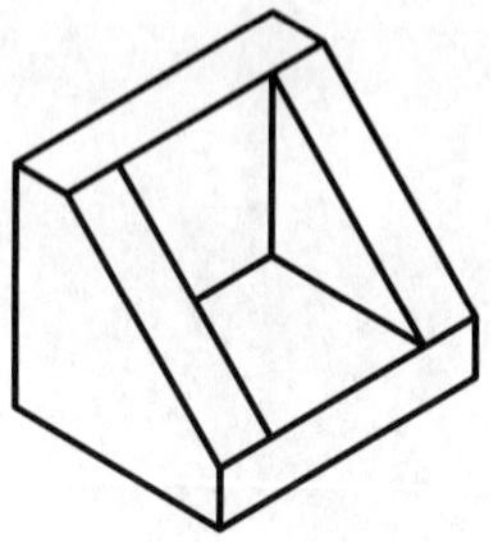

4.

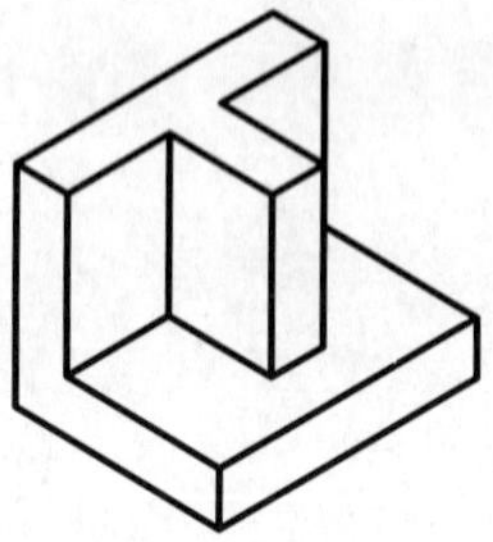

5.

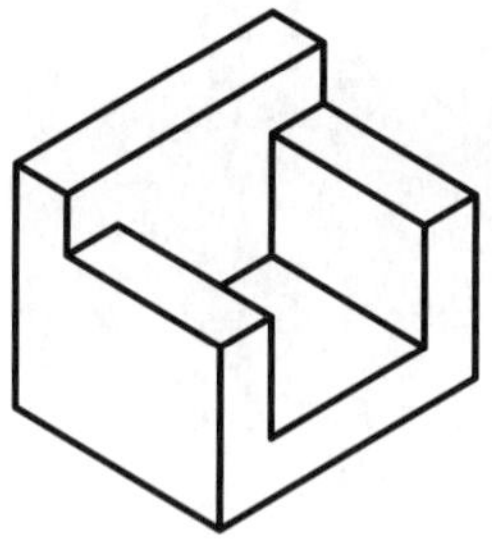

6.

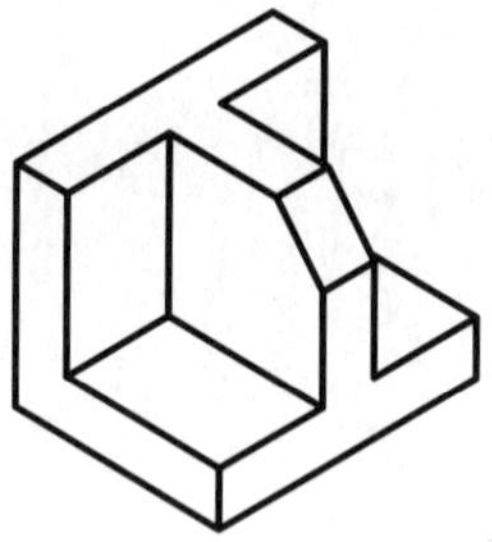

7.

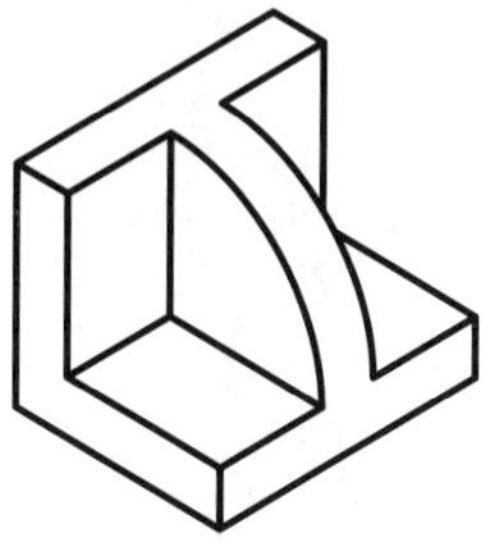

8.

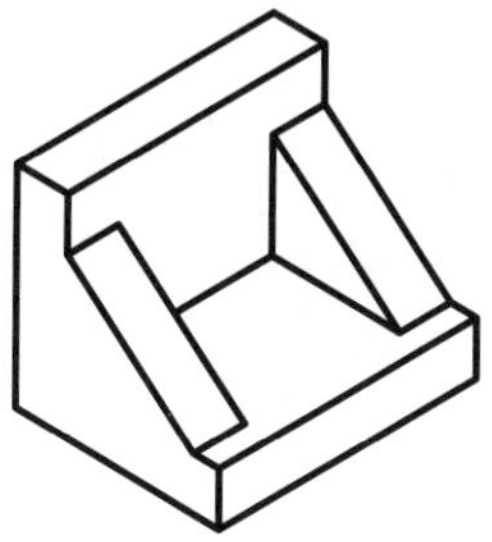

4-3　根据轴测图画组合体三视图视图	姓名	班级	学号	22

根据轴测图利用形体分析法绘制组合体三视图，作图时的注意事项：（1）按形体分析法将每个基本体的三视图完成后，再画其他基本体的三视图；（2）从最能反映形体形状特征的视图开始画；（3）按图中标注的尺寸，用适当的比例作图。

1.

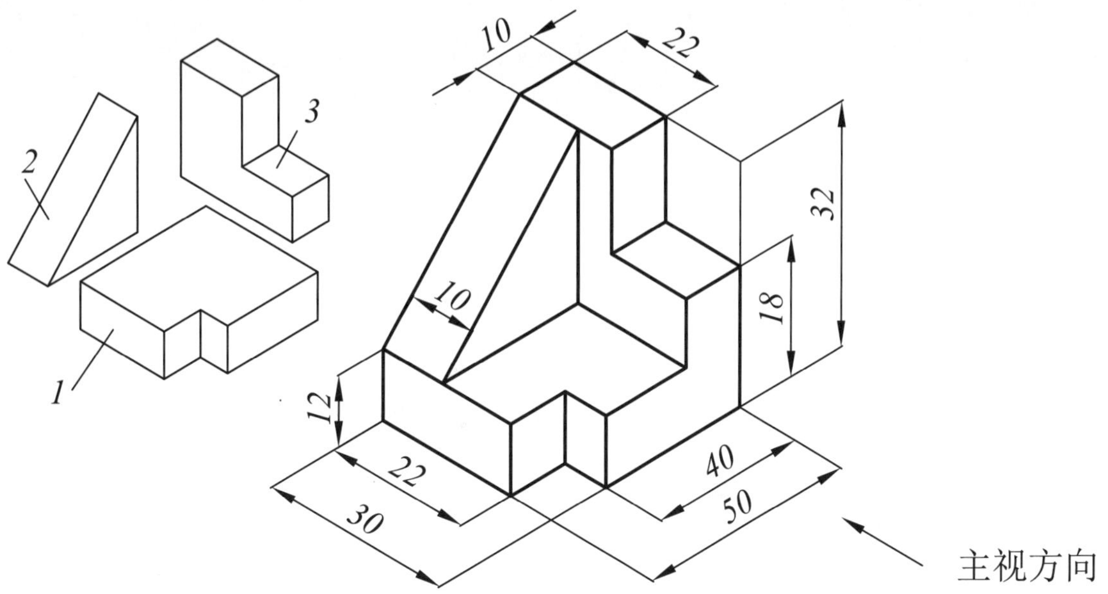

2.

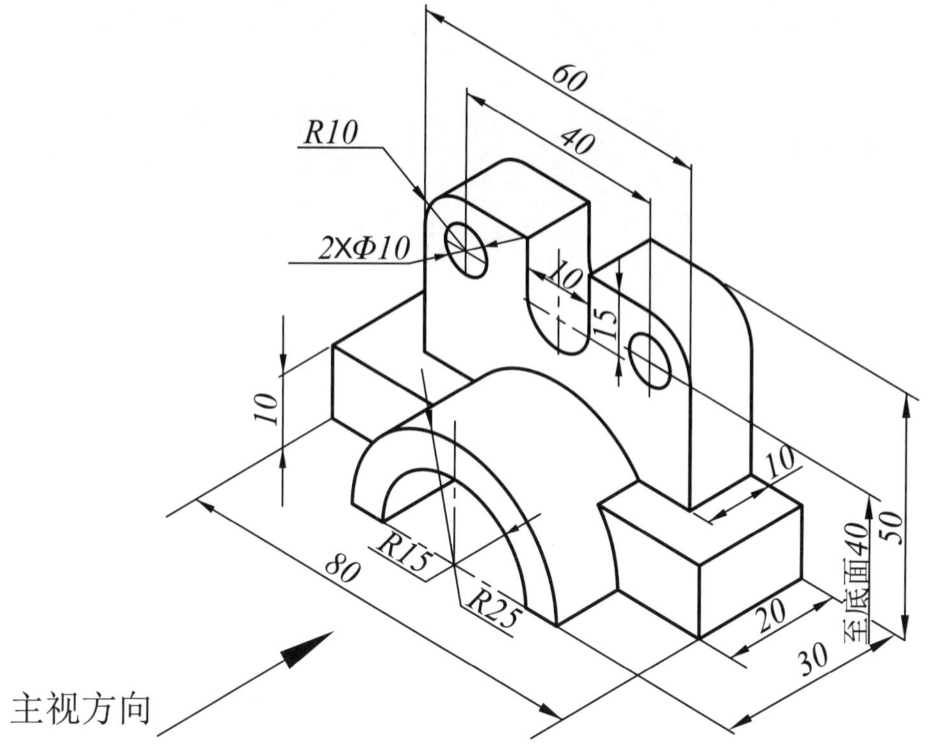

4-4　补画组合体三视图中的漏线

姓名　　　　班级　　　　学号

1.

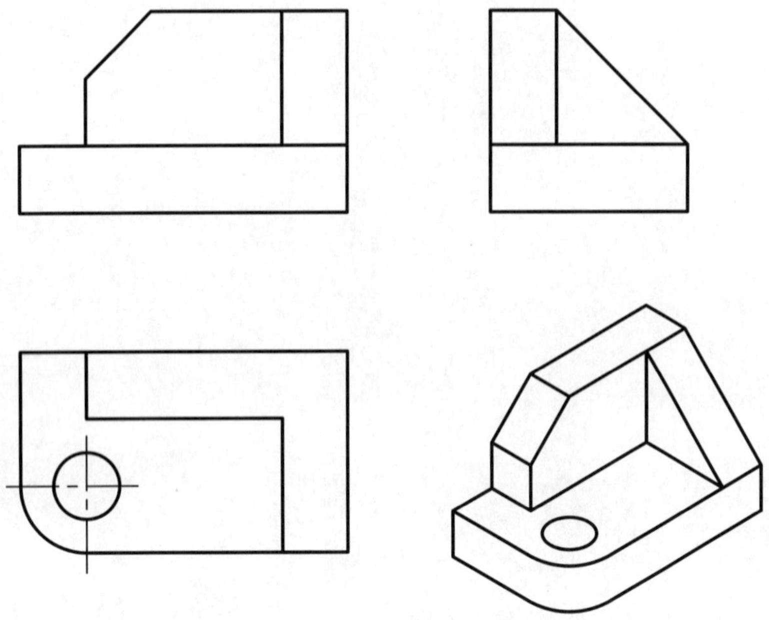

2.

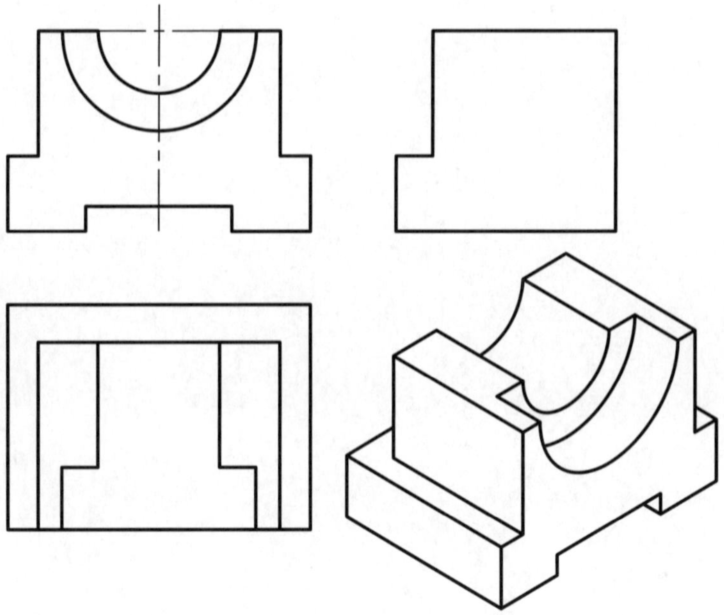

3.

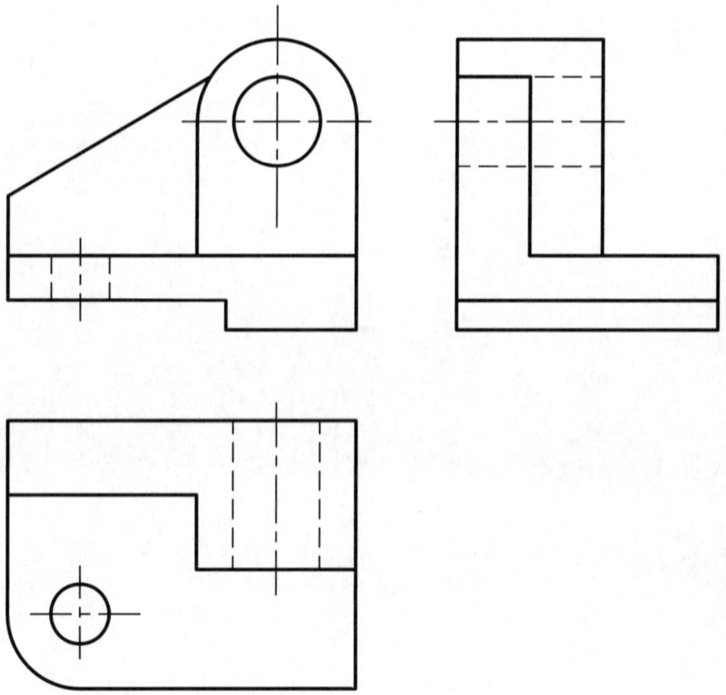

4.

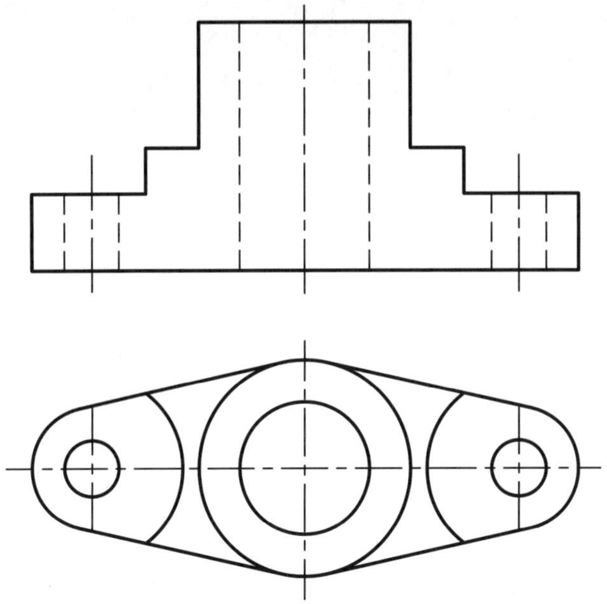

5.

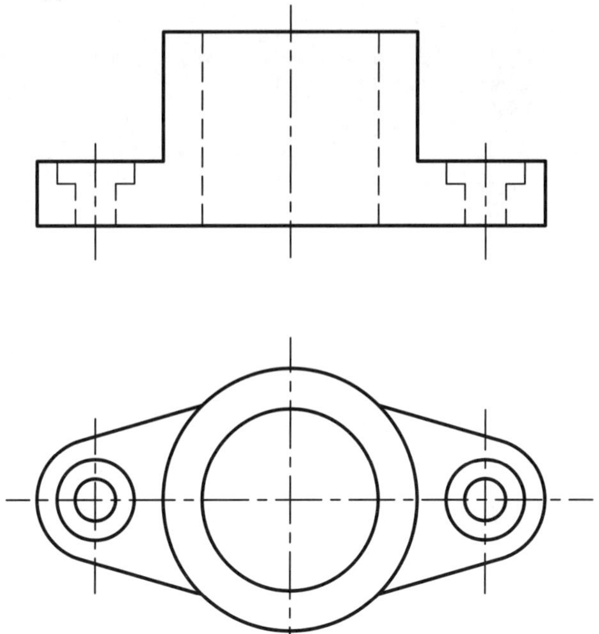

6.

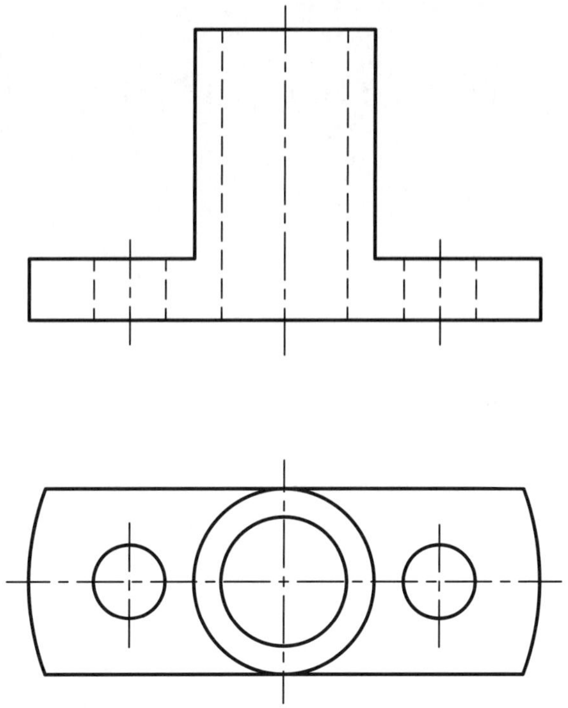

4-5 标注组合体的尺寸，尺寸数值在图中量取（1 ： 1），取整数　　姓名　　班级　　学号

1.

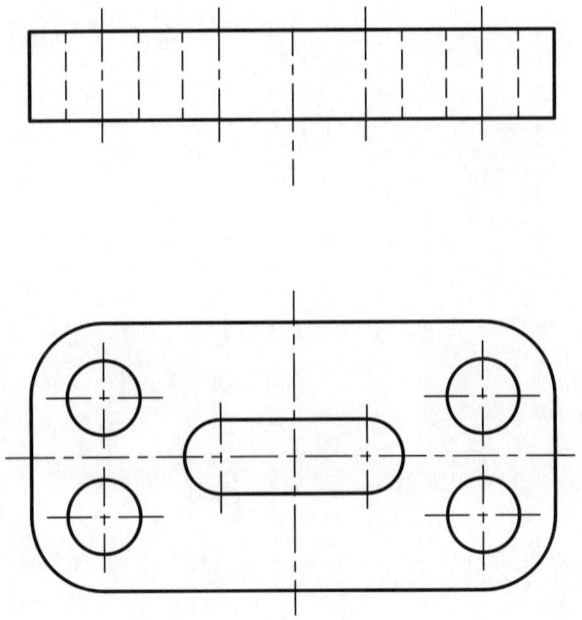

2.

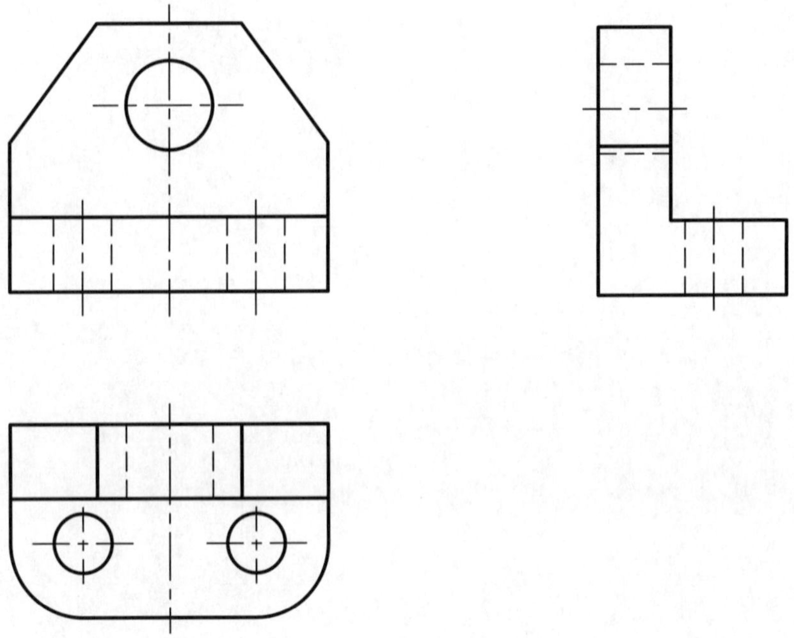

3.

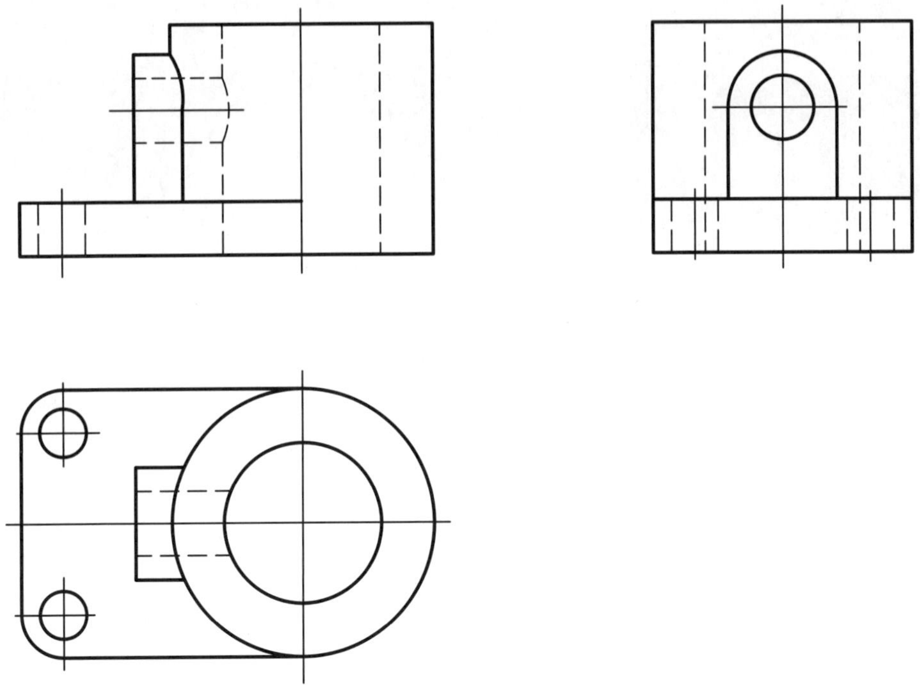

4.

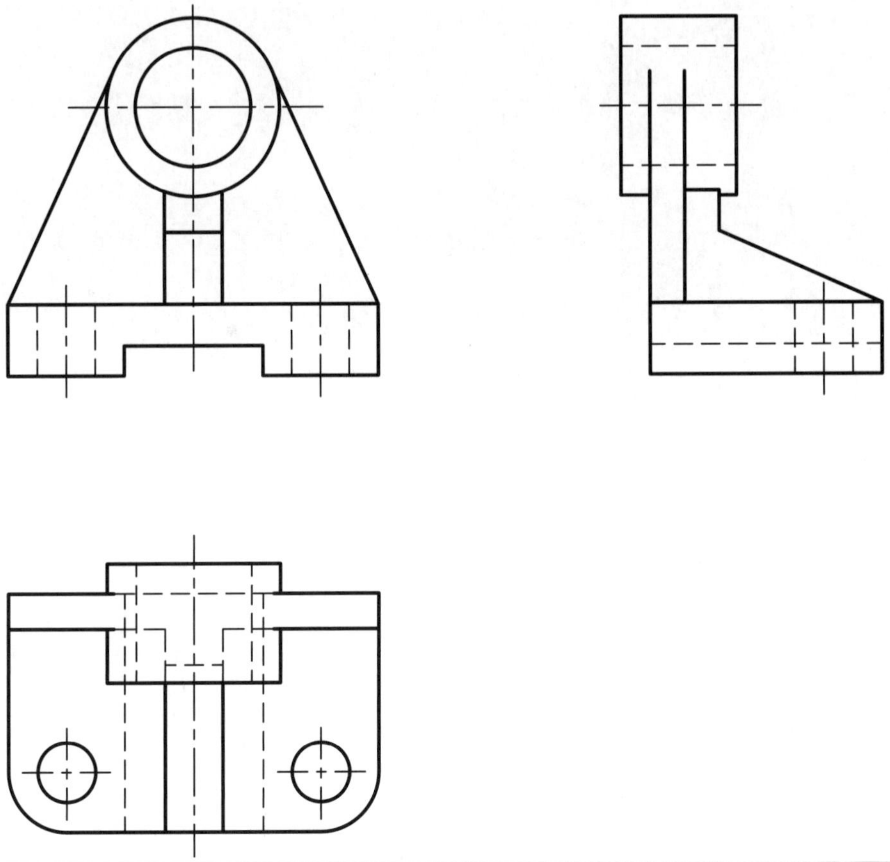

4-6 由组合体两视图补画第三视图（一）

姓名　　　　班级　　　　学号

1.

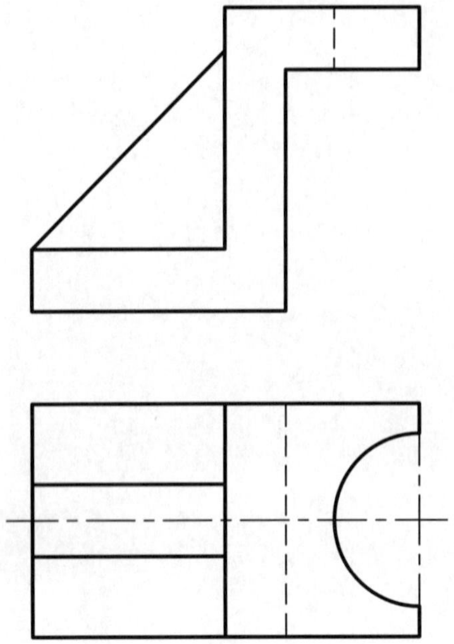

2.

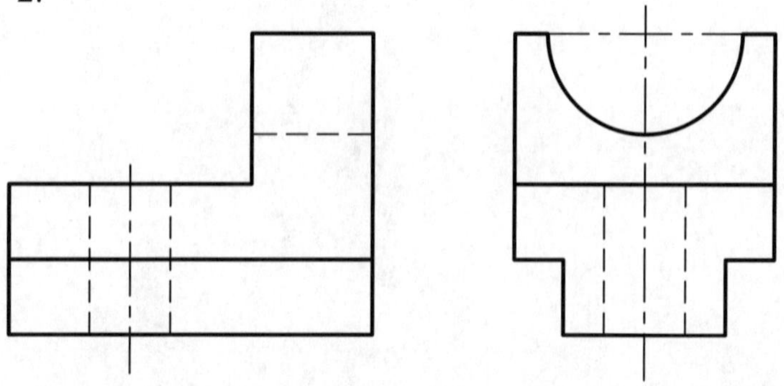

3.

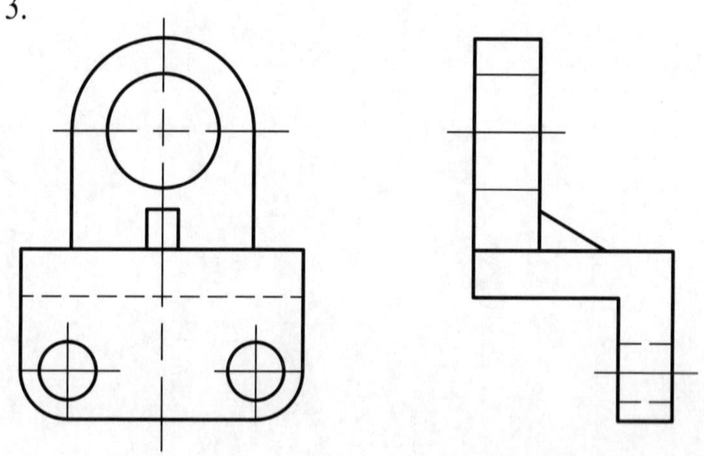

4.

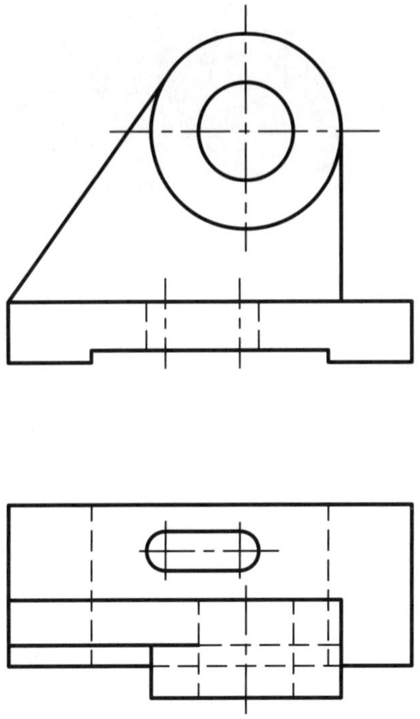

5.

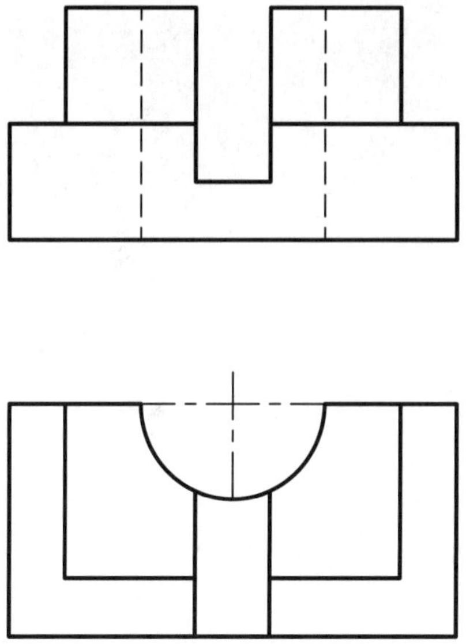

6.

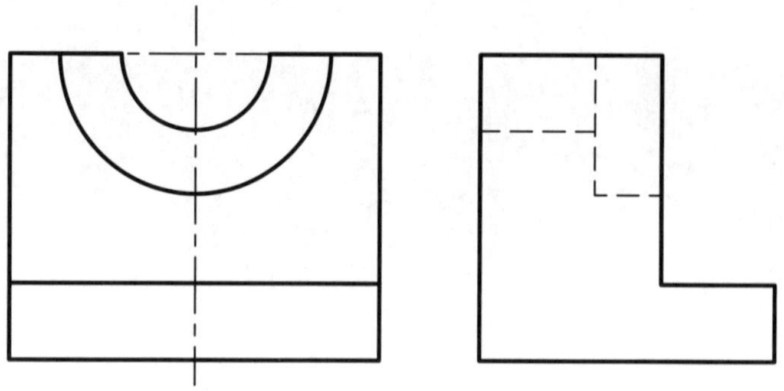

1.

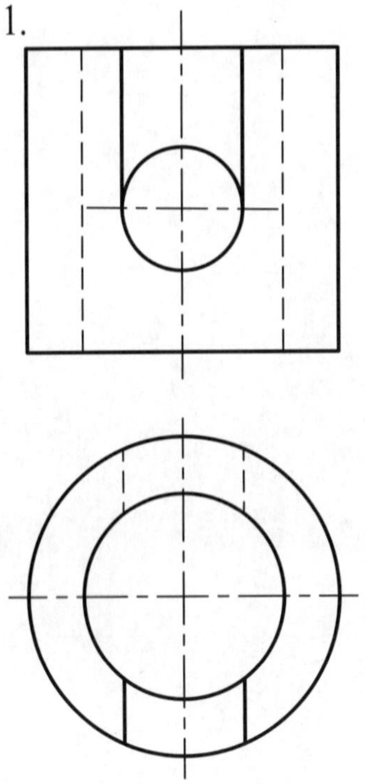

2.

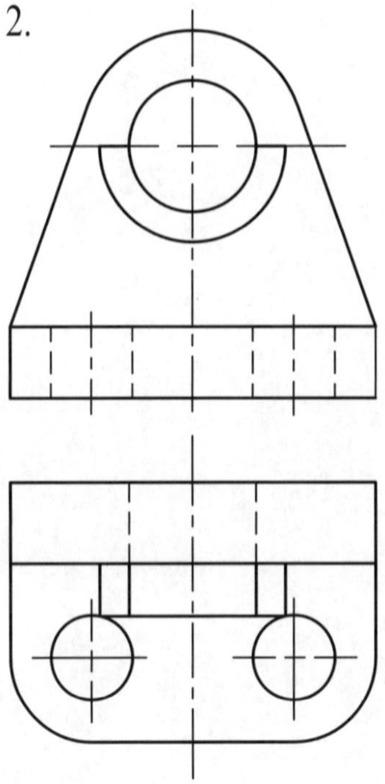

3.

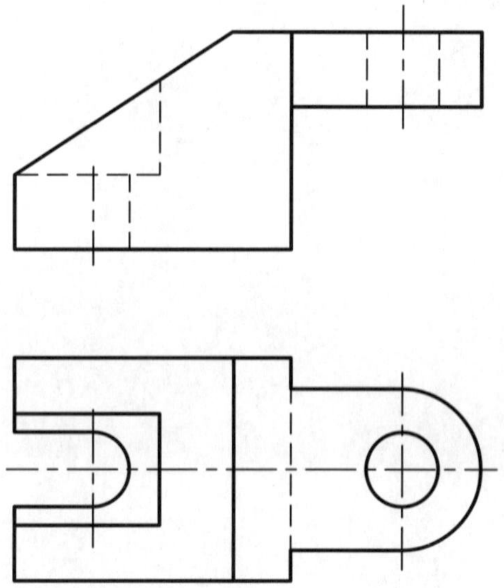

4.

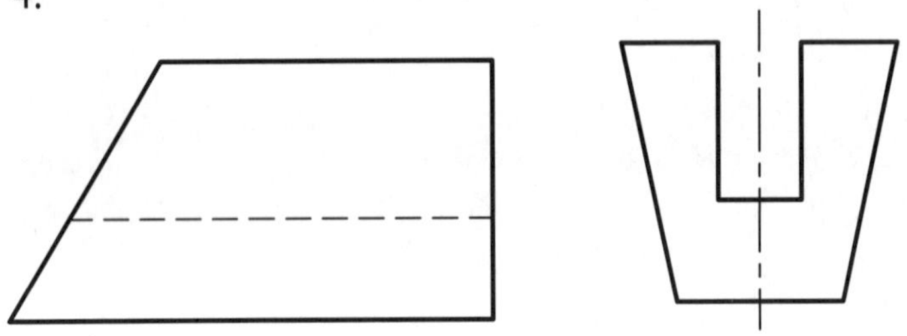

5.

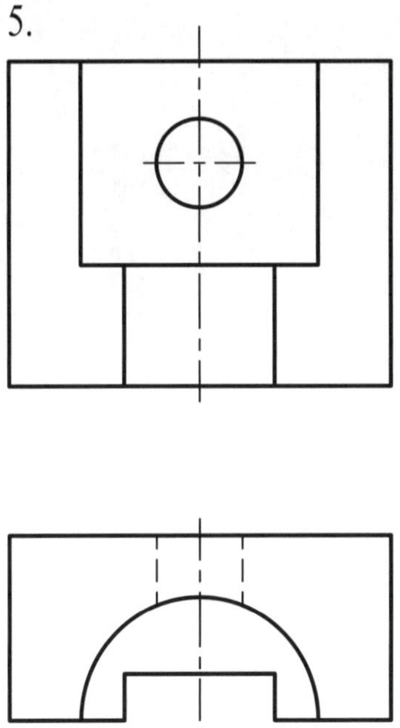

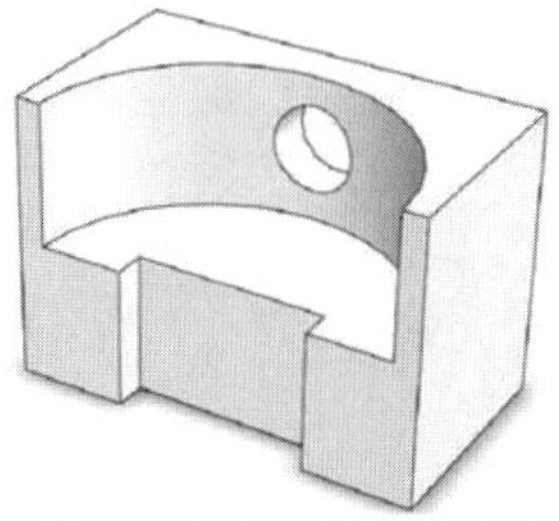

6.

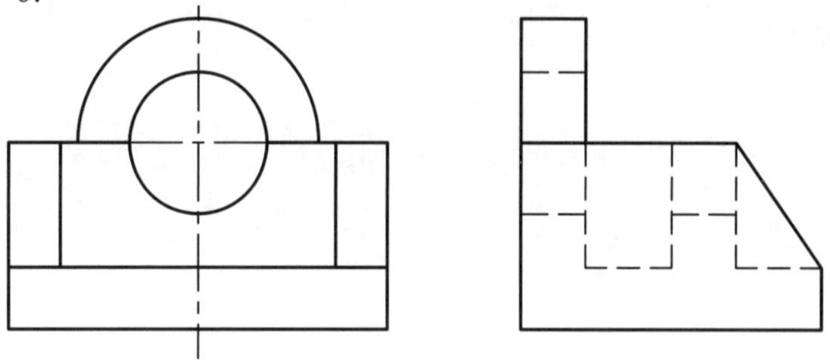

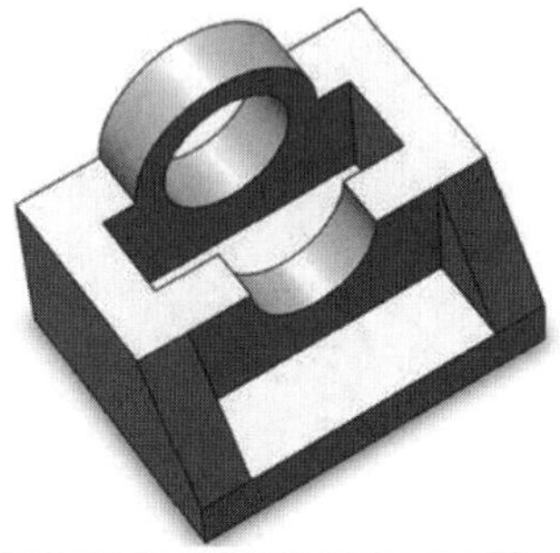

作业指导

一、作业内容：

根据轴测图画组合体三视图并标注尺寸。

二、作业目的：

1. 掌握轴测图画组合体三视图的方法，提高绘图技能。
2. 学习并掌握用形体分析法标注组合体尺寸。

三、作业要求：

1. 正确选择组合体主视图和俯左视图，完整、清晰表达组合体内外形状。
2. 正确、完整、清晰标注组合体尺寸。
3. 图线画法、图形布置要符合国家标准。

四、注意事项：

1. 对所绘制的组合体进行形体分析，选择主视图，合理布置三视图的位置，视图间要预留尺寸标注的位置。画出各视图的作图基线。
2. 按形体分析法逐个画出各基本体的三视图。应从特征视图入手，注意表面交线的画法。
3. 标注尺寸不要盲目照搬轴测图上的尺寸，应重新考虑视图尺寸配置，以尺寸完整、注法正确、配置适当为原则。
4. 完成底稿经检查无误后加深。

五、图名、图幅、比例

1. 图名：组合体三视图。
2. 图幅：A3。
3. 比例：由各形体具体大小正确选择合适比例。

1.

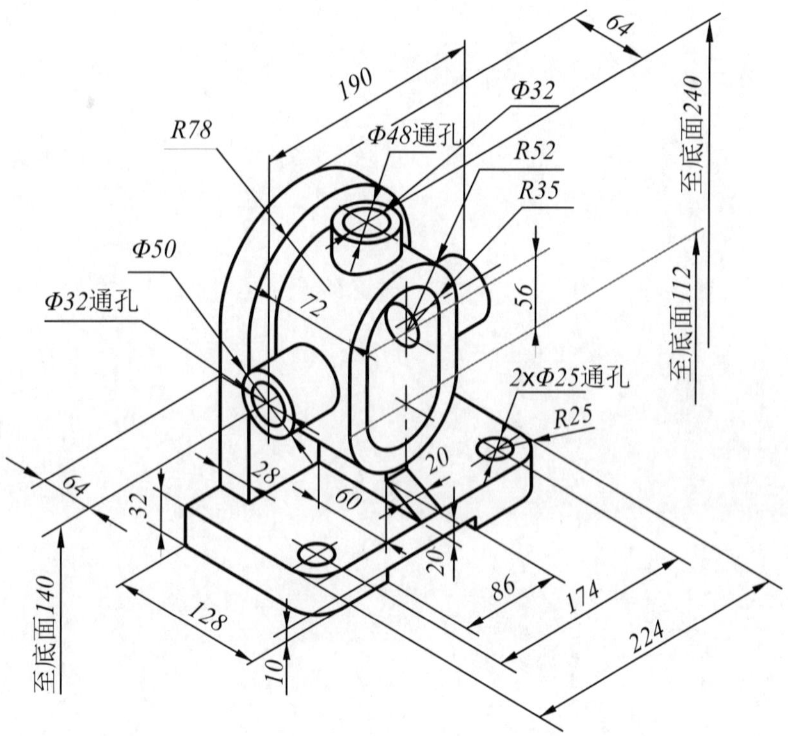

2.

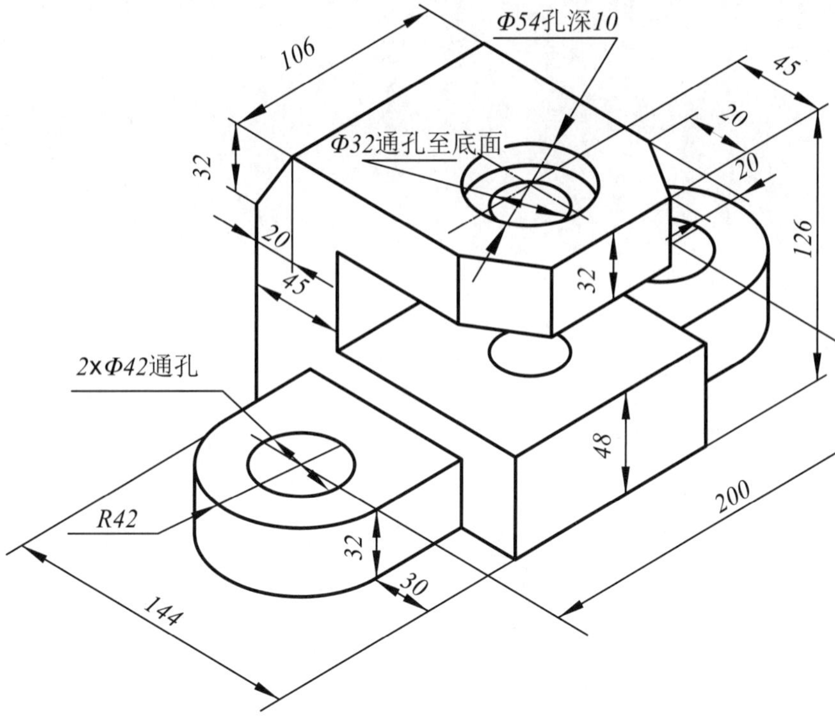

3.

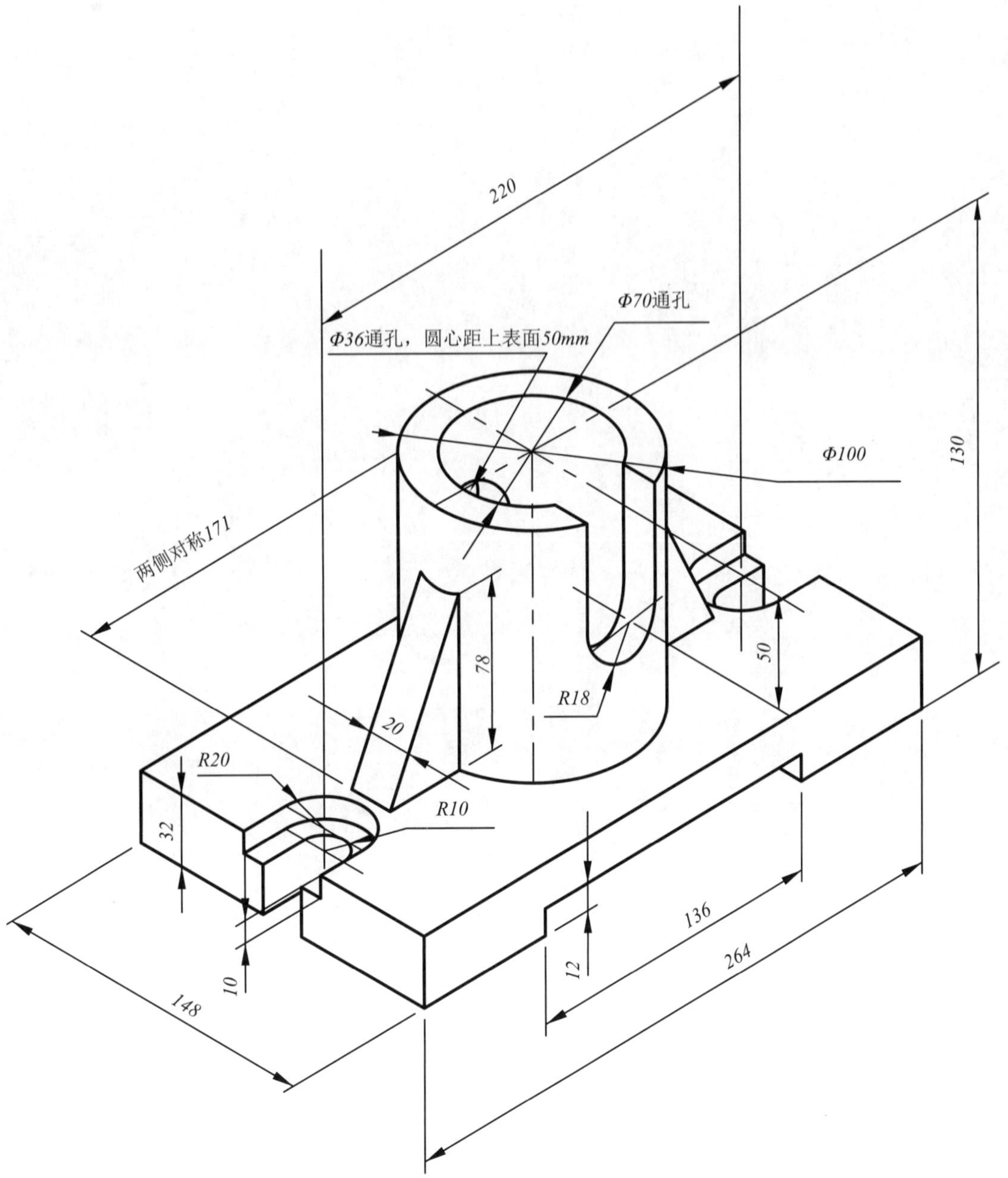
220
Φ70通孔
Φ36通孔，圆心距上表面50mm
Φ100
130
两侧对称171
78
50
R18
20
R20
R10
32
10
148
12
136
264

4.

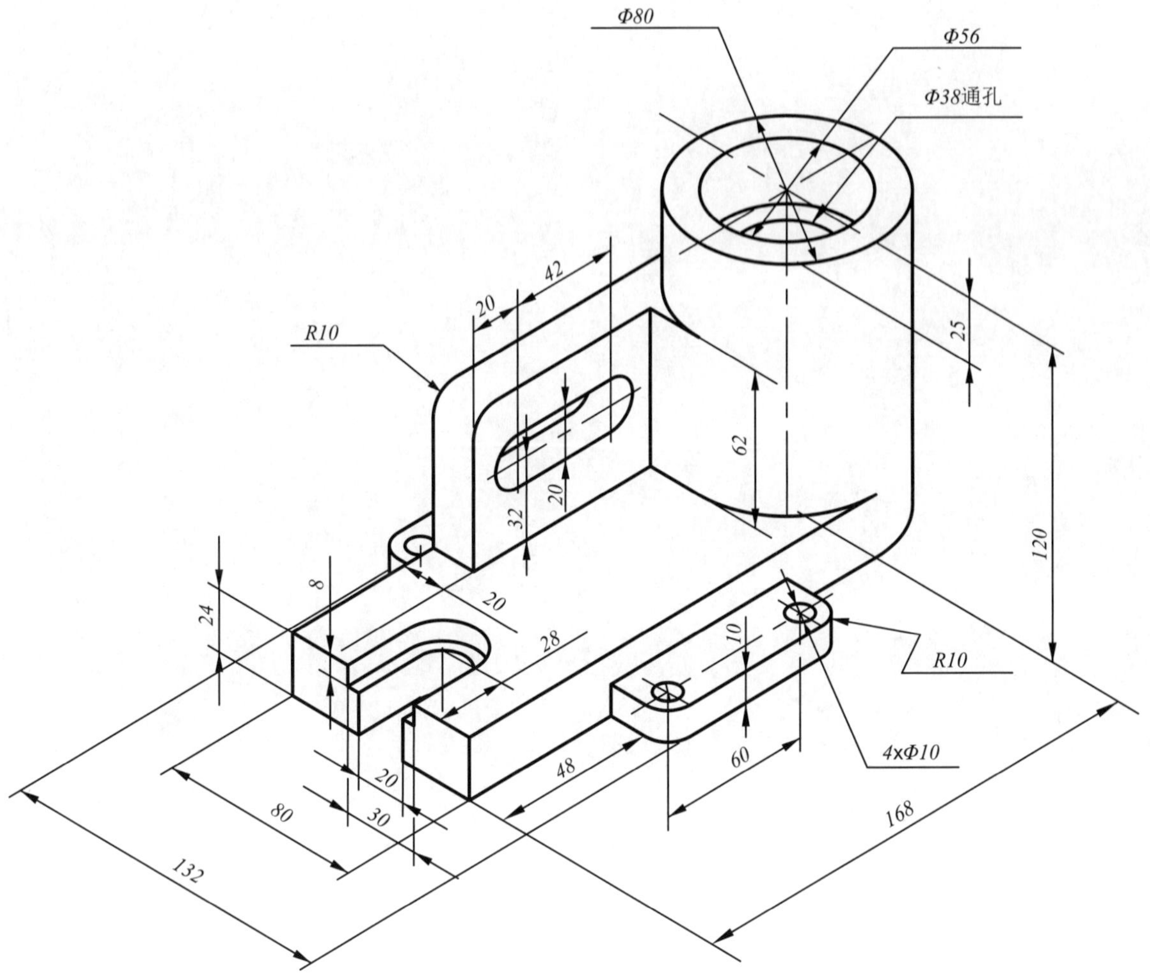
Φ80
Φ56
Φ38通孔
R10
20
42
25
62
120
32
20
8
24
20
28
10
R10
4×Φ10
80
20
30
48
60
132
168

5-1　视图	姓名	班级	学号	29

1. 根据已知的主、俯视图，补画出该零件的另外四个基本视图。

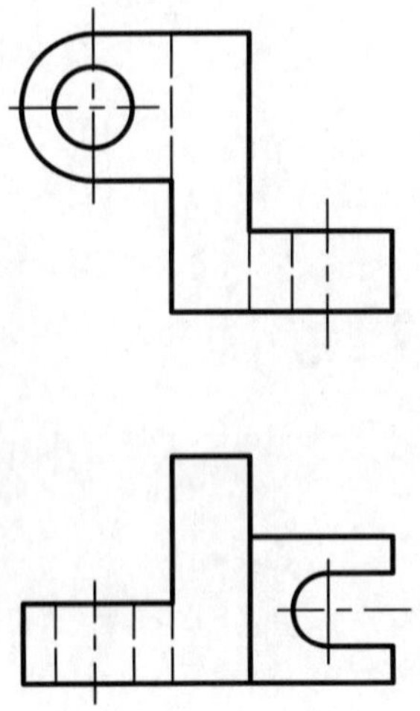

2. 画出 *A* 向视图并标注。

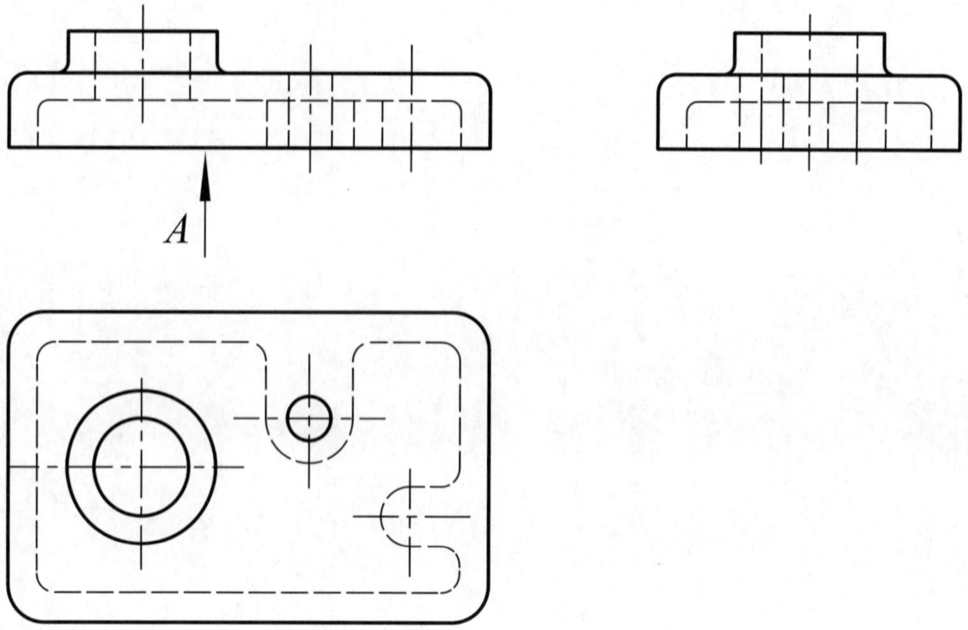

3. 画出 *A*、*B*、*C* 向的局部视图并标注。

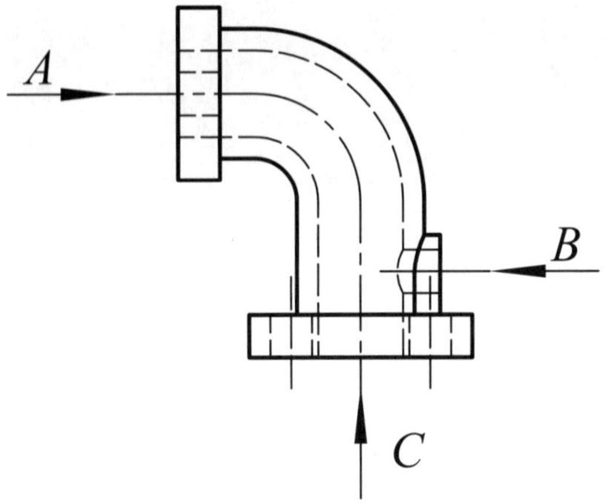

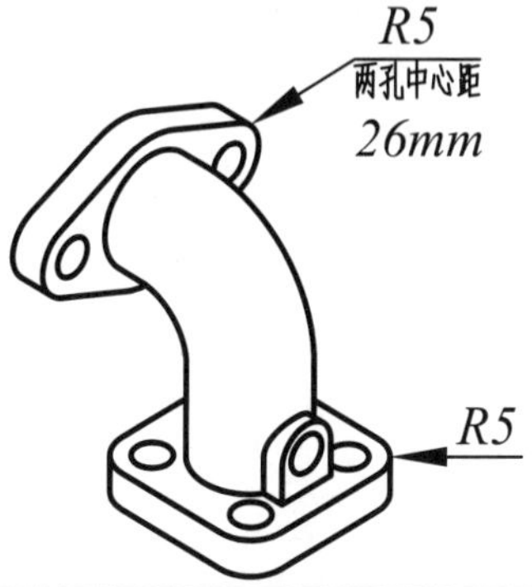

4. 画出 *A* 向斜视图并标注。

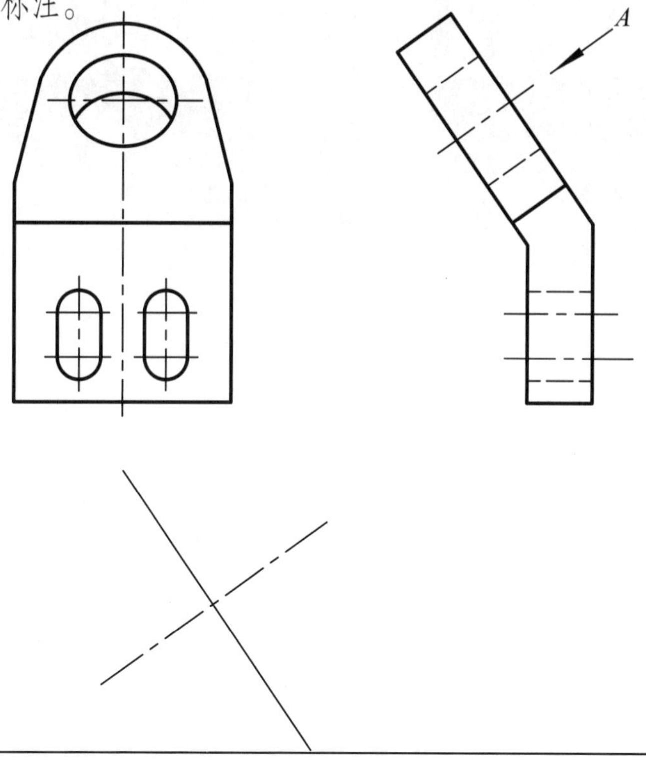

补画下面剖视图中所漏画的线条。

1.

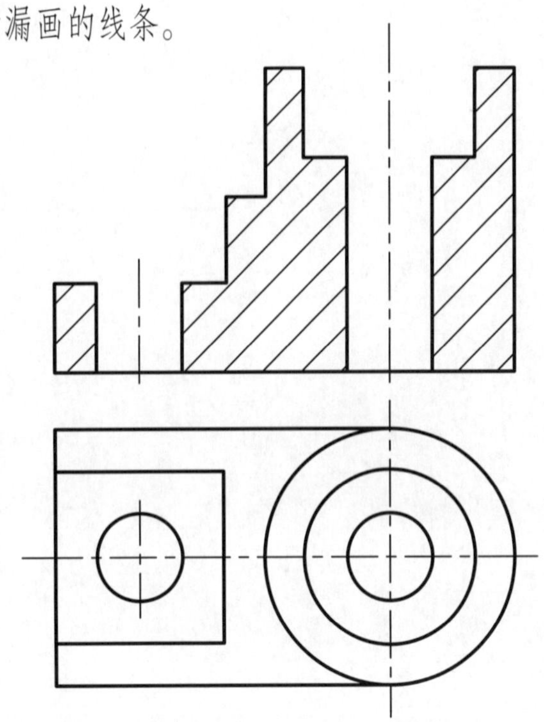

2.

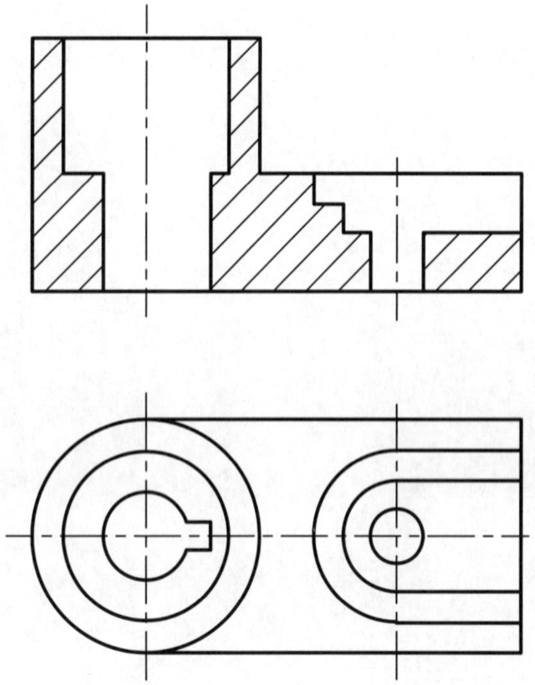

3.

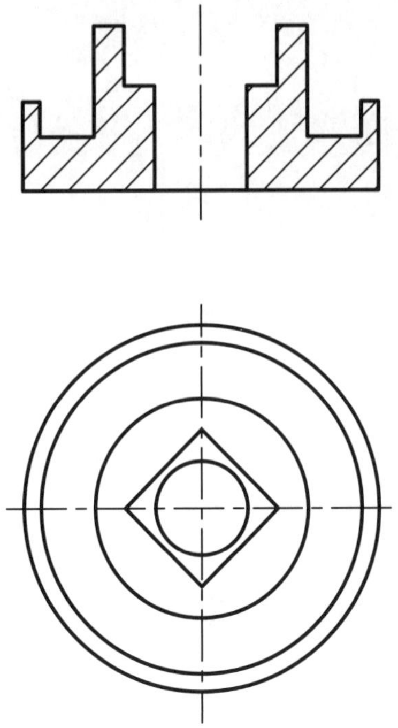

4.

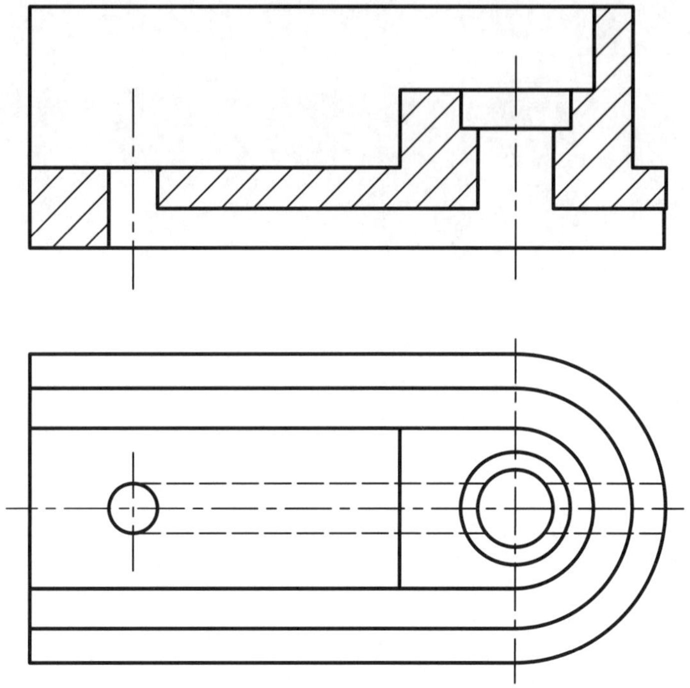

1. 在空白位置将零件的主视图改为全剖视图。

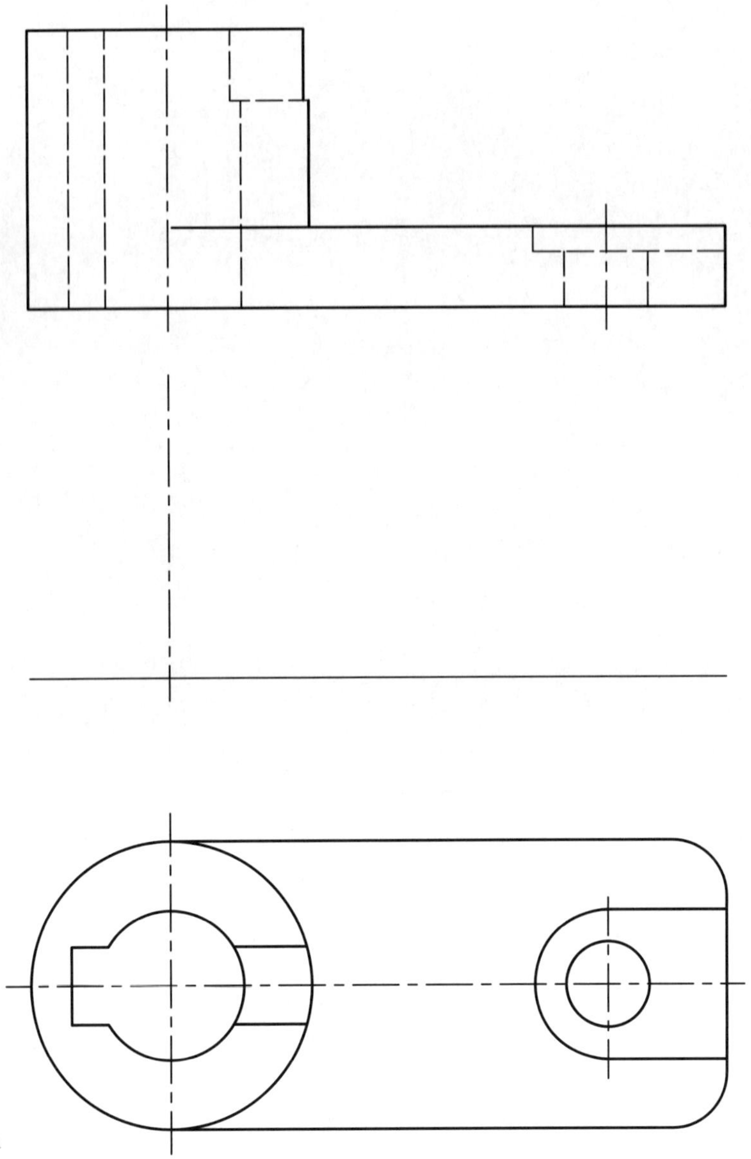

2. 在空白位置将零件的主视图改为全剖视图。

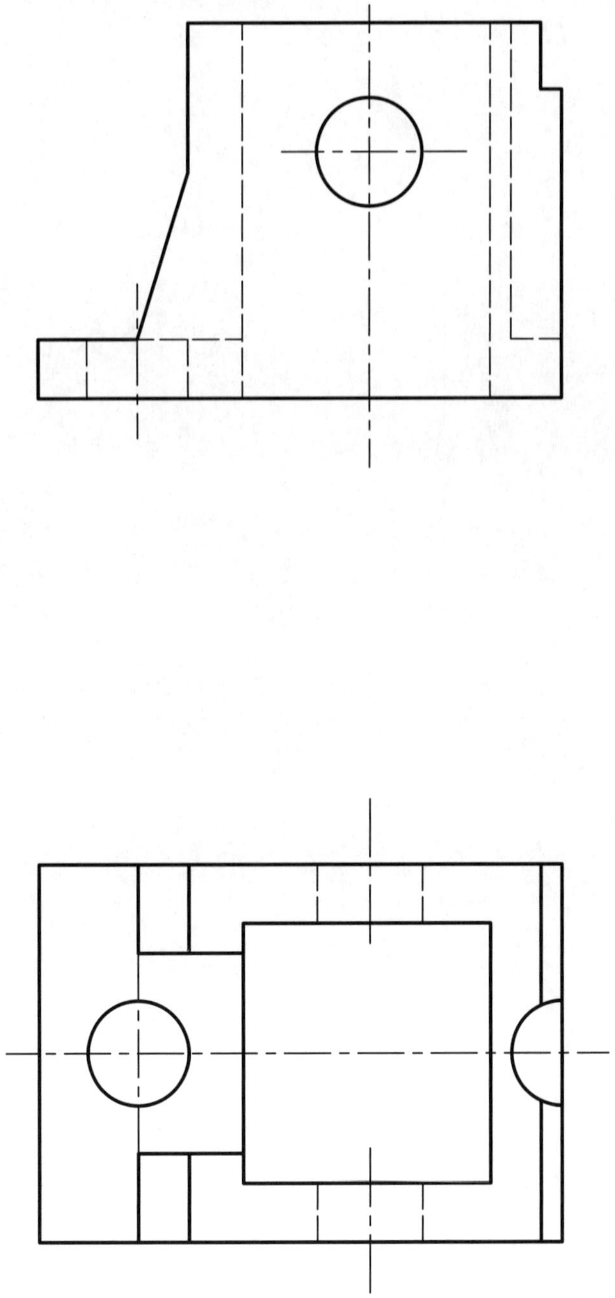

3. 在空白位置将零件的主视图改为全剖视图。

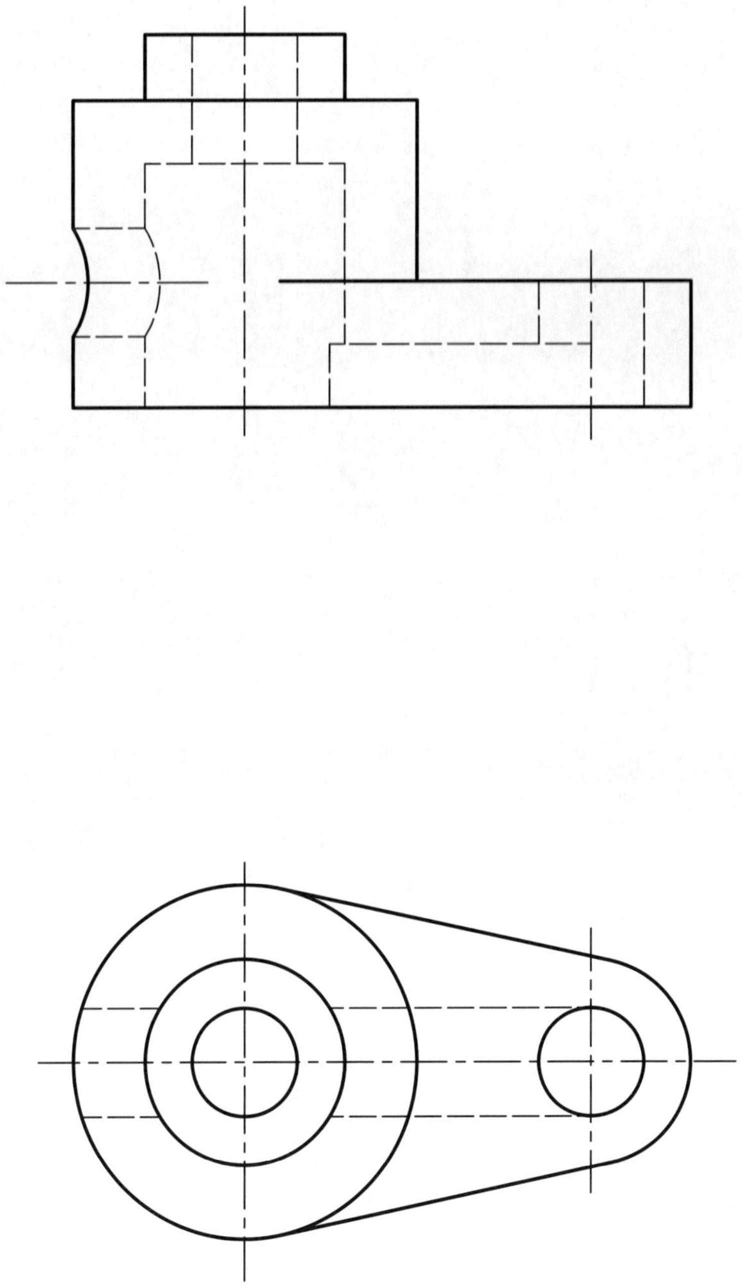

1. 在指定位置将零件的主视图改为半剖视图。

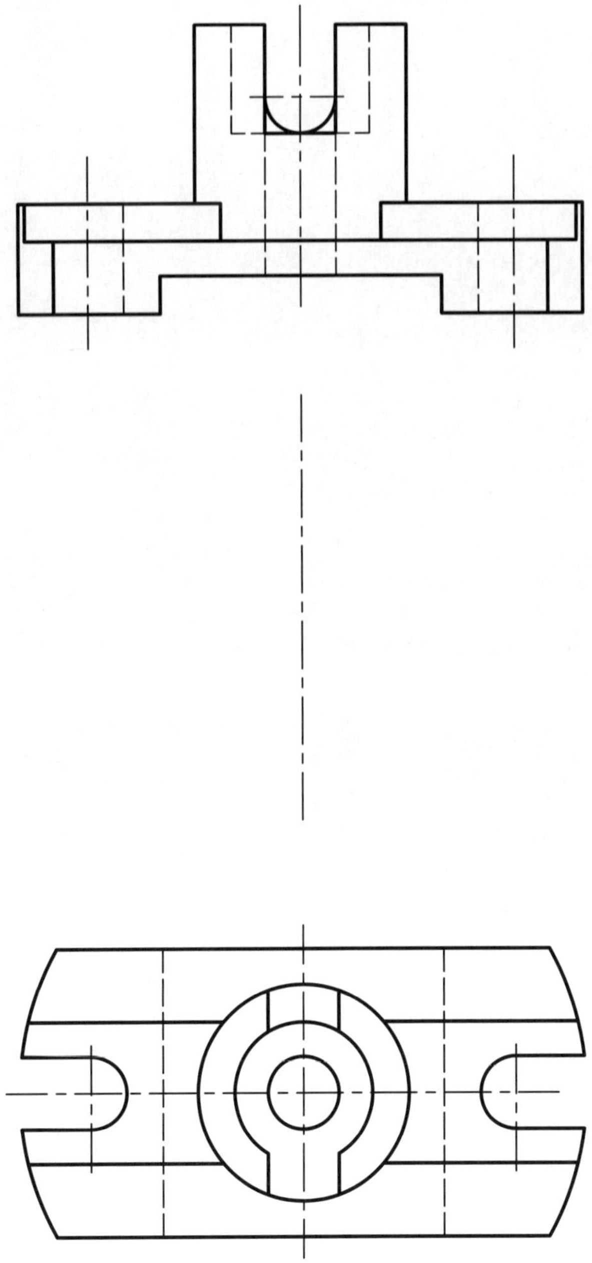

2. 在空白位置将零件的主视图改为半剖视图。

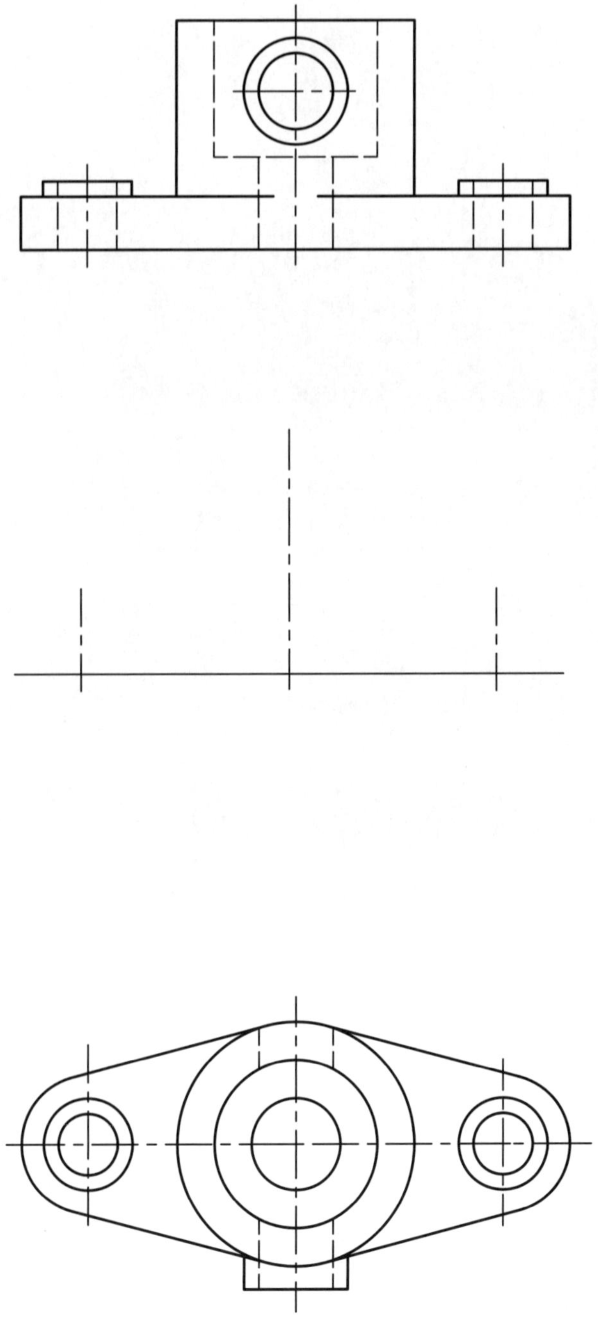

3. 在空白位置将零件的主视图改为半剖视图，并作全剖左视图。

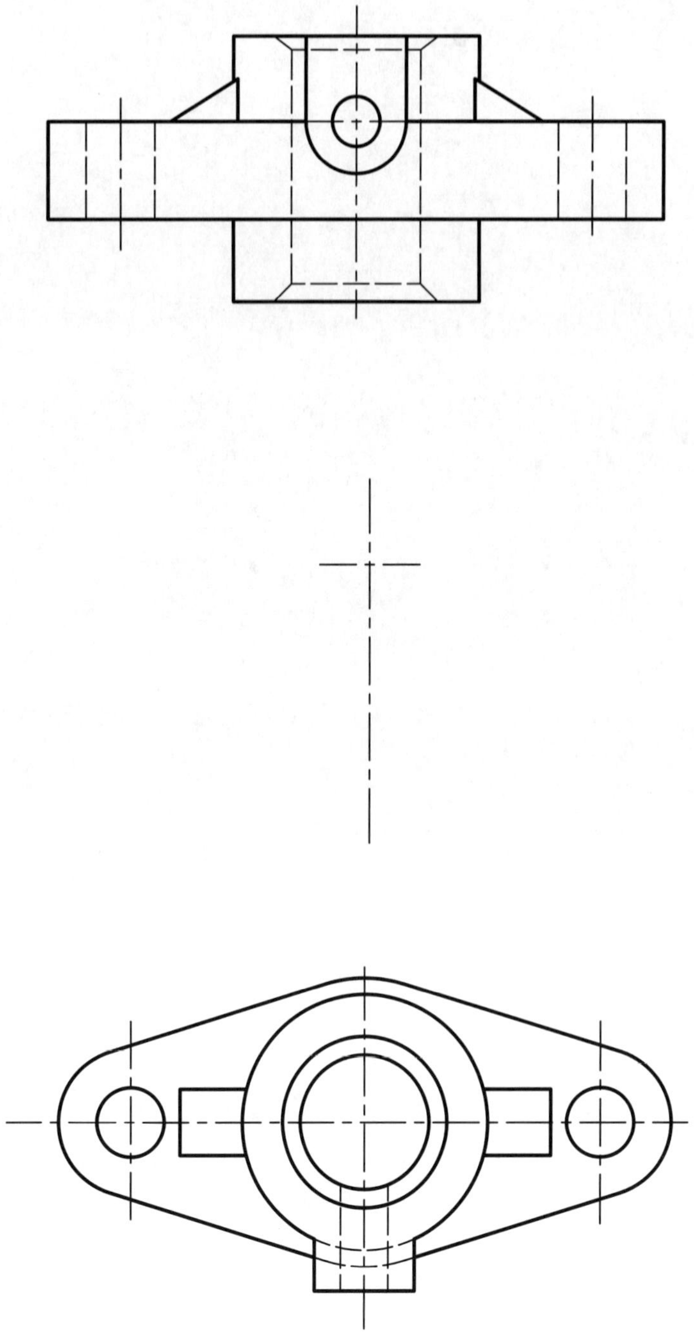

1. 分析下图中的错误，并加以改正（不要的线段用“×”号标记）。

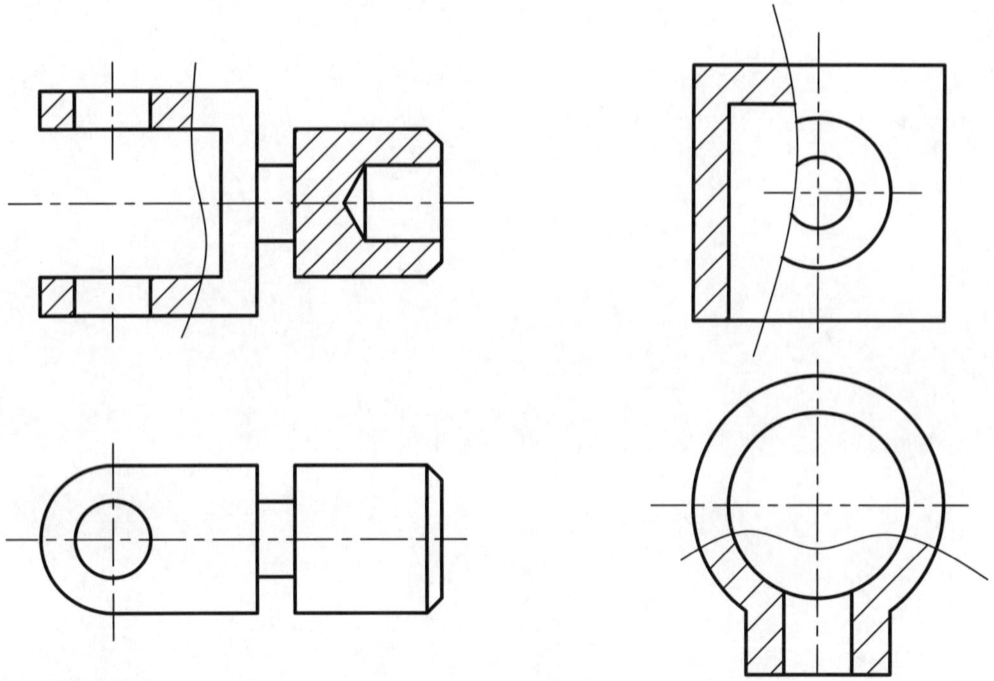

2. 在指定位置将零件的主、俯视图改为局部剖视图。

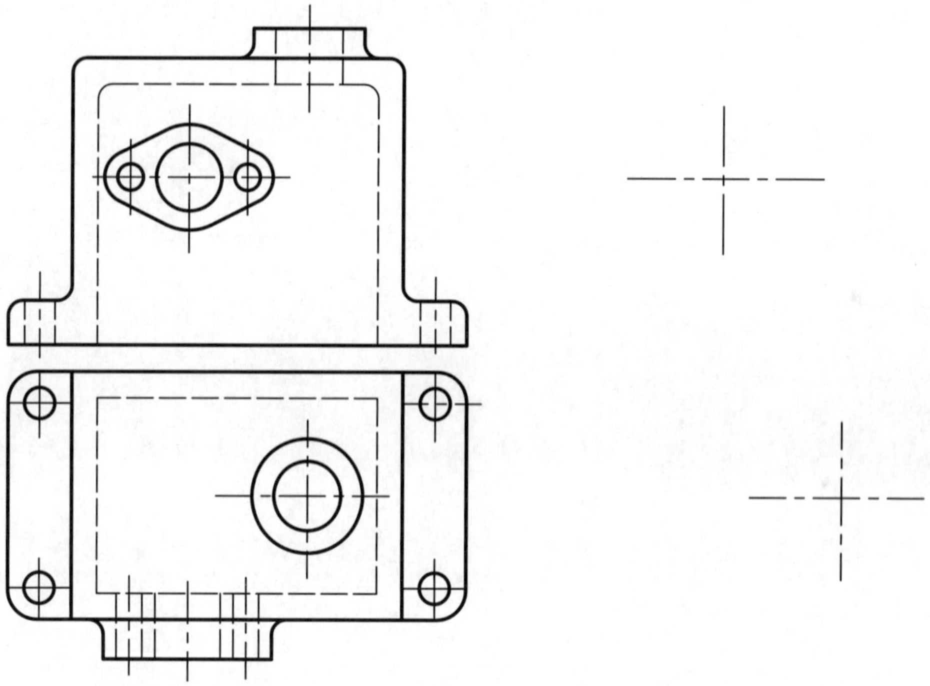

3. 在指定位置将零件的主、俯视图改为局部剖视图。

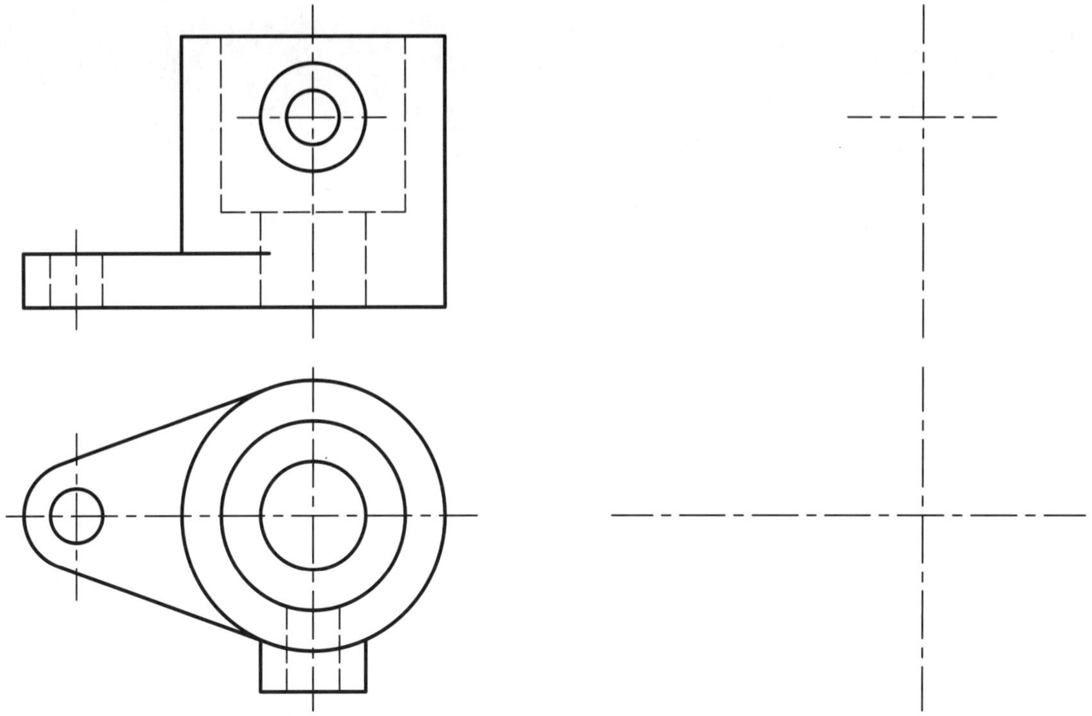

4. 作 B—B 斜剖视图。

B—B

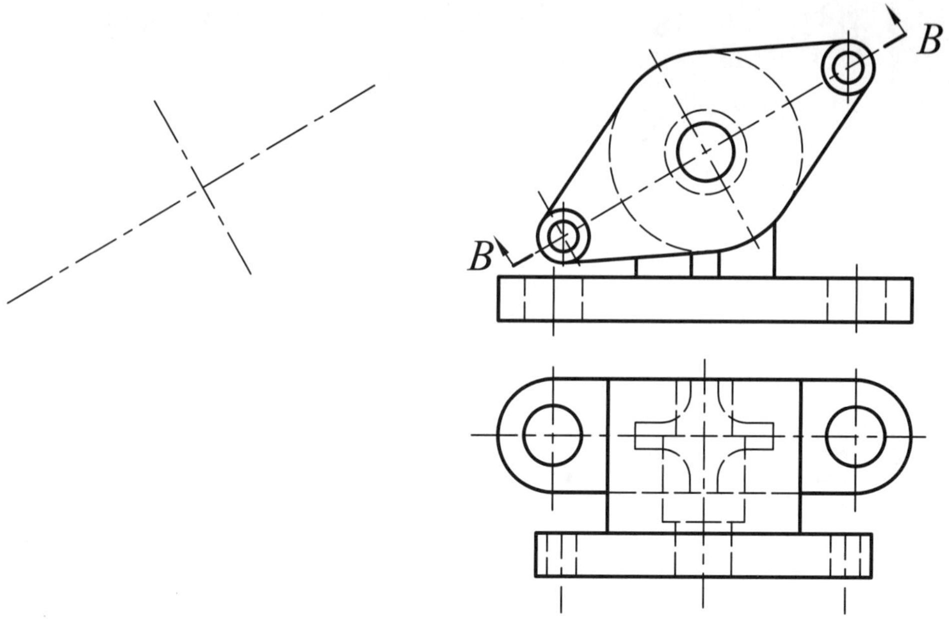

1. 在空白位置将零件的主视图改画成用两平行的剖切平面剖切得到的全剖视图。

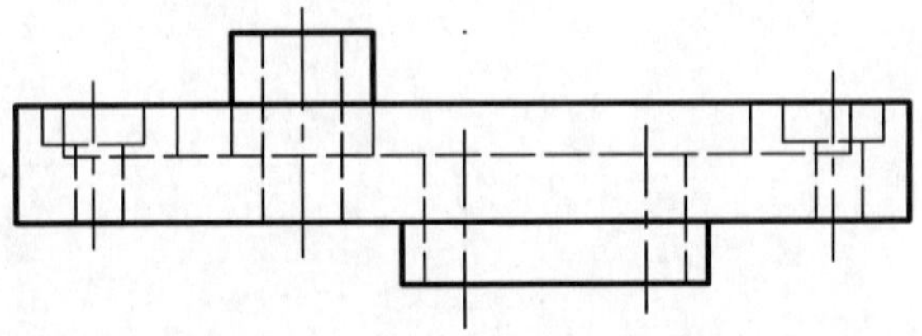

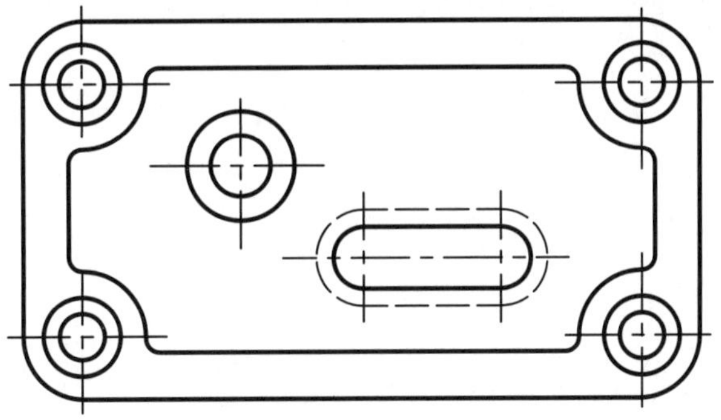

2. 在指定位置将零件的主视图改画成用两个相交剖切平面剖切得到的全剖主视图。

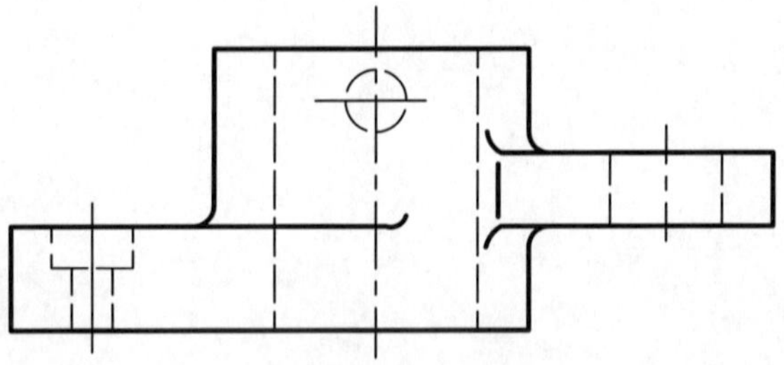

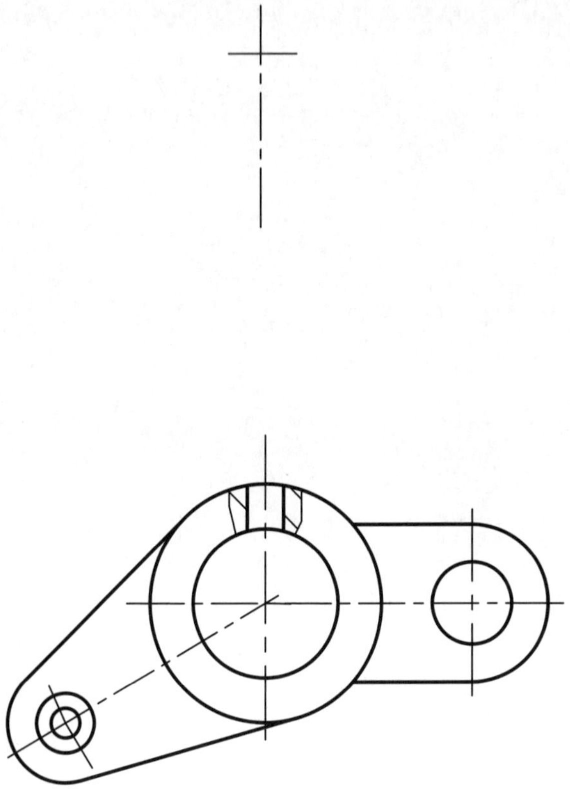

1. 在指定位置作零件的移出断面图。

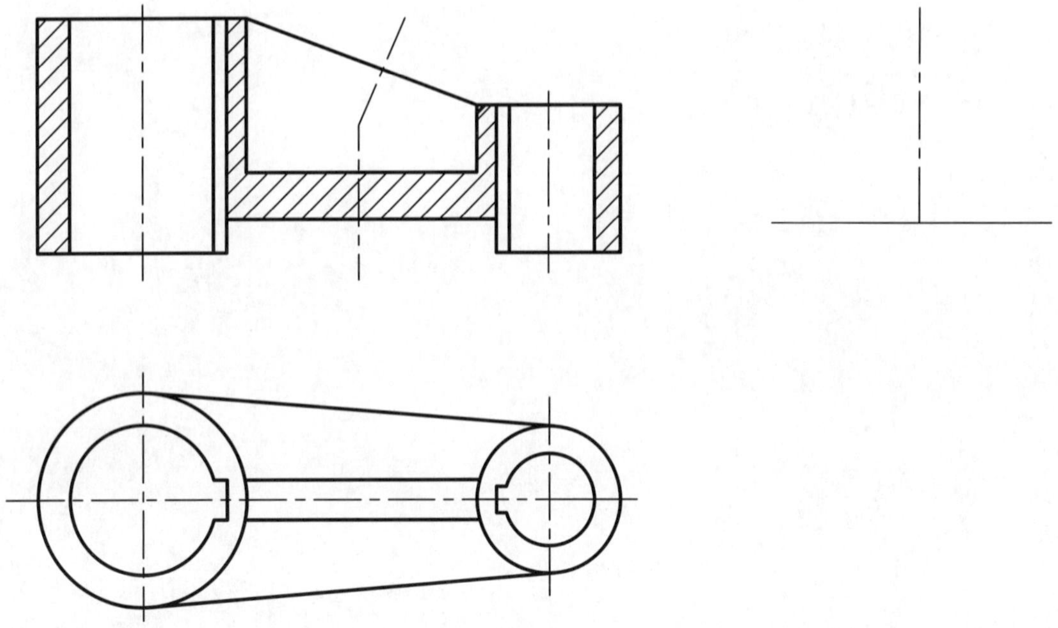

2. 作出指定位置的移出断面图。

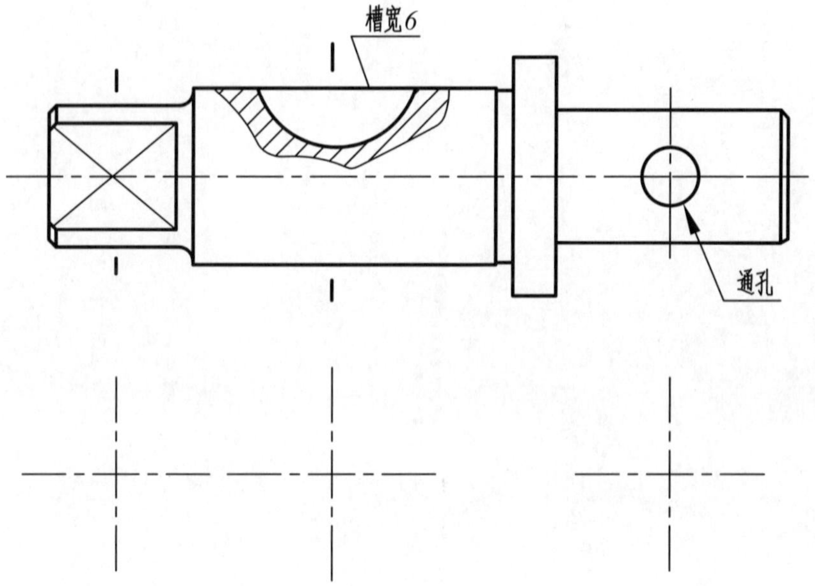

3. 画出指定位置的移出断面图（键槽深 4mm）。

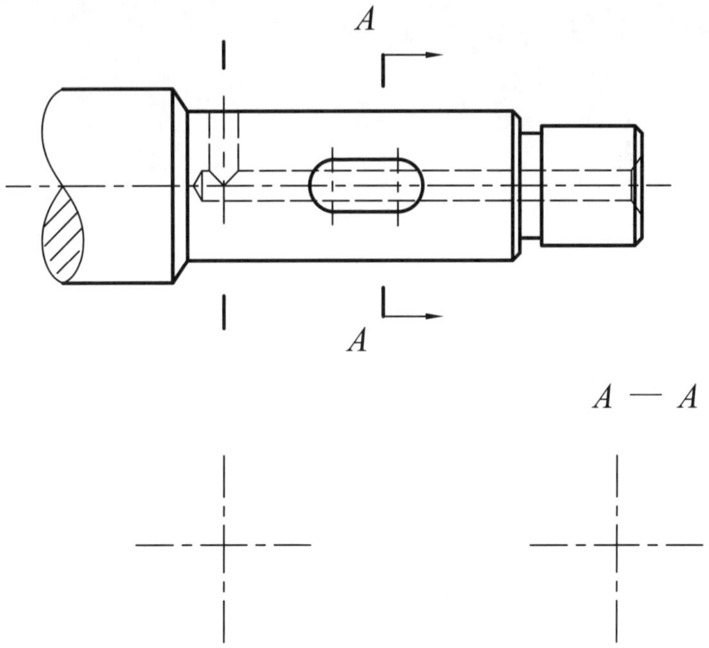

4. 选择正确的 *A—A* 移出断面图（在正确的图形上方画“√”）。

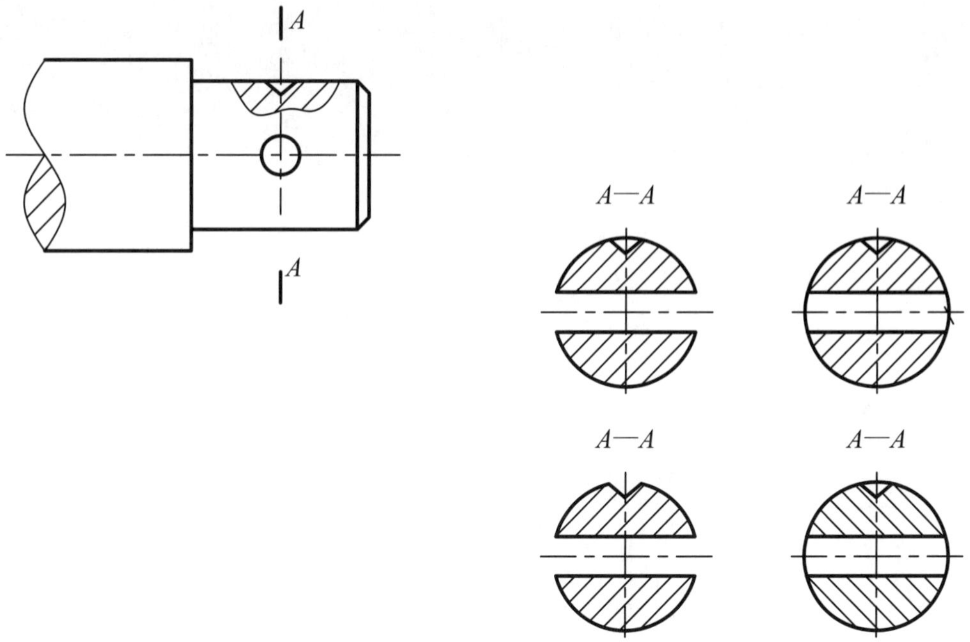

5-8　剖视综合练习

姓名　　　　班级　　　　学号

对下面4个零件，求作左视图，并在主、左视图上取适当的剖视，用A3图纸，并选择适当的比例。

（1）

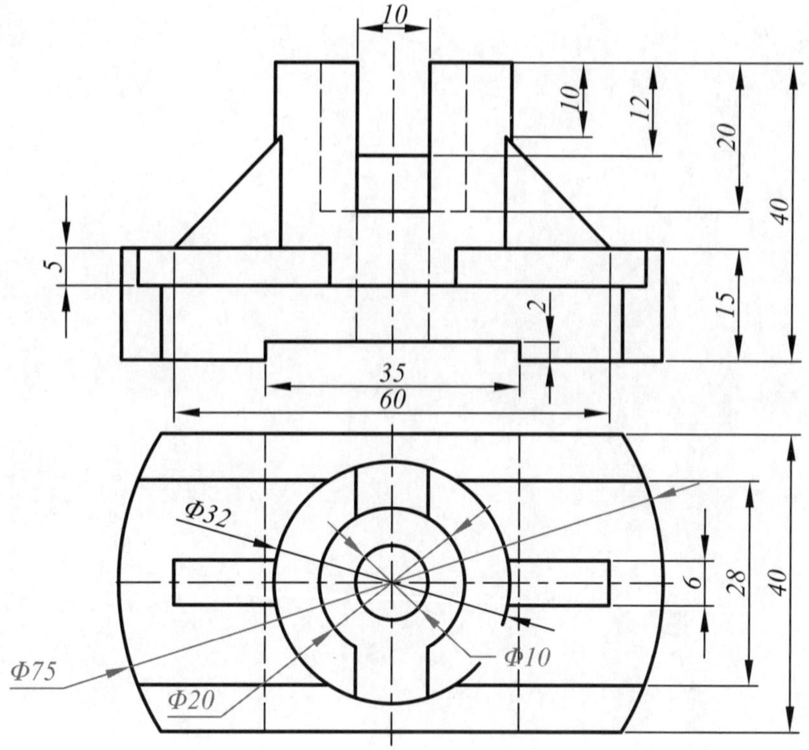

（2）

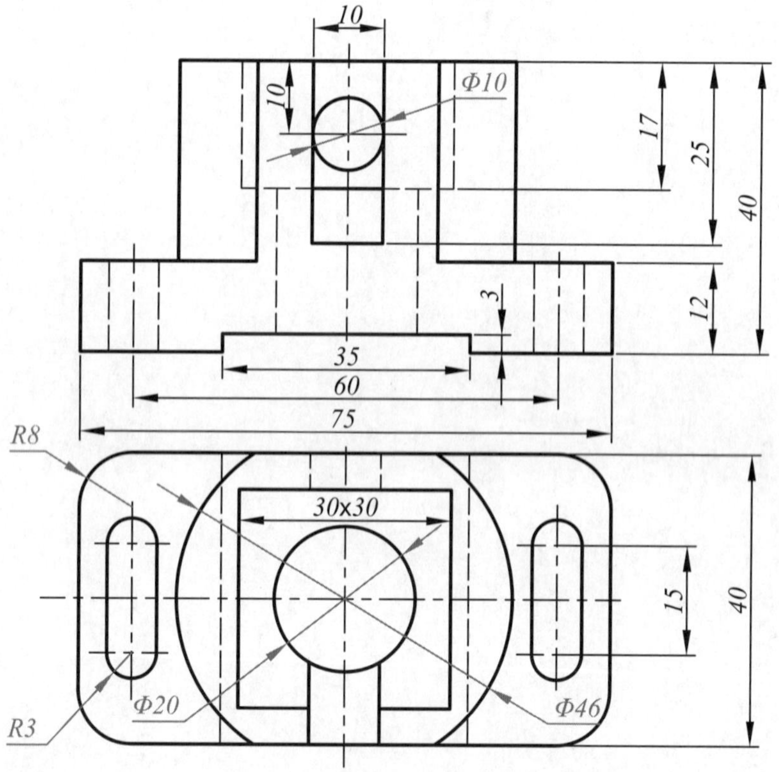

（3）

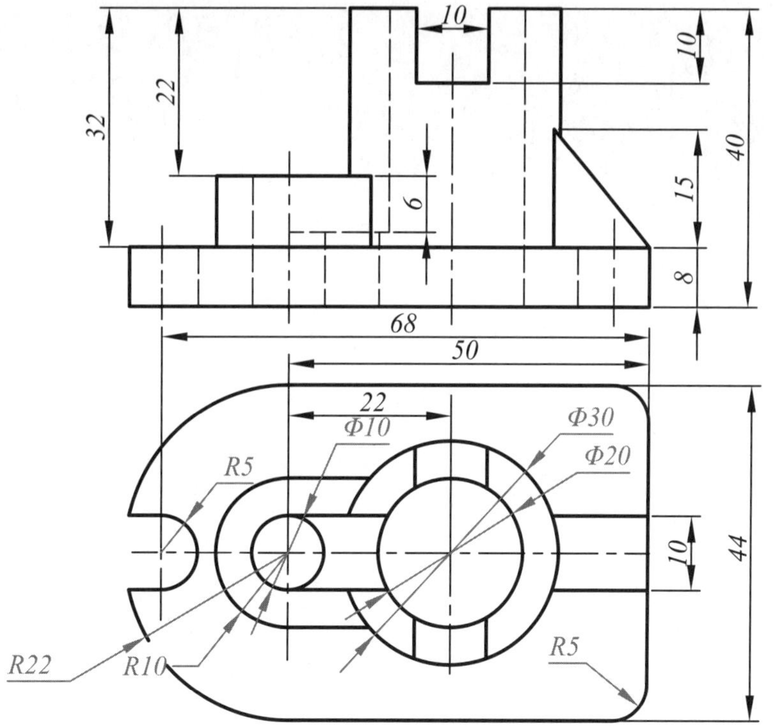

（4）

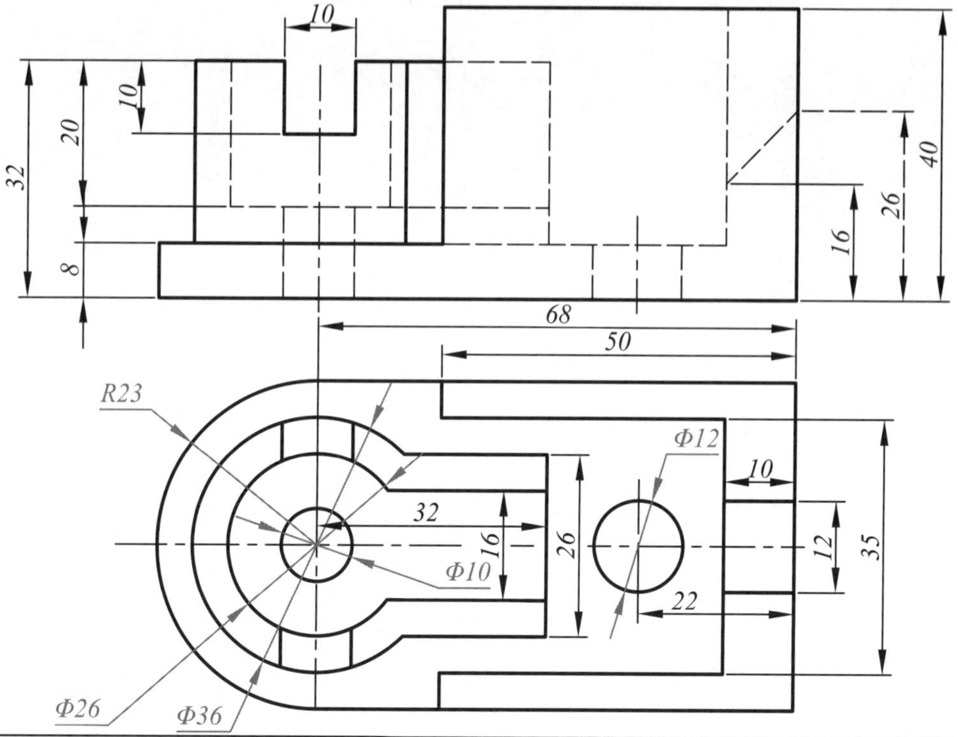

1. 局部放大图的比例是指相应要素的线性尺寸之比，具体是指：········· (   )
A. 局部放大图的图形比原图形； B. 局部放大图的图形比其实物；
C. 原图形比其局部放大图的图形； D. 实物比其局部放大图的图形。
2. 在机械图样中，重合断面的轮廓线应采用：································· (   )
A. 粗实线； B. 细实线；
C. 细虚线； D. 细双点画线。
3. 根据图样画法的最新国家标准，视图可分为：······························ (   )
A. 基本视图、局部视图、斜视图和旋转视图四种；
B. 基本视图、向视图、局部视图、斜视图和旋转视图五种；
C. 基本视图、向视图、局部视图和斜视图四种；
D. 基本视图、向视图、斜视图和旋转视图四种。
4. 表示某一向视图的投射方向的箭头附近注有字母“N”，则应在该向视图的上方标注为：·· (   )
A. N 向； B. N； C. N 或 N 向。
5. 斜视图的配置和标注通常按：·· (   )
A. 基本视图配置； B. 必须旋转配置；
C. 向视图的配置形式配置并标注，必要时允许旋转配置。
6. 当将斜视图旋转配置时，表示该视图名称的字母应置于：·············· (   )
A. 旋转符号的前面； B. 旋转符号的后面；
C. 旋转符号的前后都可以； D. 靠近旋转符号的箭头端。
7. 局部视图的配置规定是：·· (   )
A. 按基本视图的配置形式配置；
B. 按向视图的配置形式配置并标注；
C. A，B 均可；
D. A，B 均可且可按第三角画法配置。
8. 画半剖视图时，视图与剖视的分界线应是：······························· (   )
A. 粗实线； B. 细实线；
C. 细点画线； D. 细双点画线。
9. 画局部剖视图时，断裂处的边界线应采用：······························· (   )
A. 波浪线； B. 双折线；
C. A 或 B 均可； D. 细双点画线。
10. 一组视图中，当一个视图画成剖视图后，其他视图的正确画法是：········· (   )
A. 剖去的部分不需再画出；
B. 也要画成剖视图，但应保留被剖切的部分；
C. 完整性应不受影响，足否取剖应视需要而定。
11. 当视图中的轮廓线与重合断面的图形重叠时，视图中轮廓线的画法是：··· (   )
A. 仍应连续画出，不可间断；
B. 一般应连续画出，有时可间断；
C. 应断开，让位于断面图。
12. 画移出断面图时，当剖切面通过非圆孔，会出现完全分离的剖面区域时：··· (   )
A. 这些结构应按剖视要求绘制；
B. 不能再画成断面图，应完全按剖视绘制；
C. 仅画出该剖切面与机件接触部分的图形。
13. 由两个相交的剖切平面剖切得出的移出断面，画图时：····················· (   )
A. 中间一定要断开；
B. 中间一定不断开；
C. 中间一般应断开，也可不断开；
D. 中间一般不断开。
14. 局部放大图可画成视图、剖视、断面，它与被放大部分表达方式间的关系是：··· (   )
A. 必须对应 一致；
B. 有一定的对应关系，有时无关；
C. 无对应关系，视需要而定。
15. 对机件的肋、轮辐及薄壁等，如按纵向剖切，这些结构都不画剖切符号，而用一种图线将它与其相邻部分分开，这种图线是：································· (   )
A. 粗实线； B. 细实线；
C. 细点画线； D. 细虚线。
16. 当零件回转件上均匀分布的肋、轮辐、孔等结构不处于剖切平面上时，则可将这些结构：··· (   )
A. 按不剖绘制； B. 按剖切位置剖到多少画多少；
C. 旋转到剖切平面上画出； D. 均省略不画。

17. 当回转体零件上的平面在图形中不能充分表达时，可用一种符号表示这些平面。这种符号的画法是：…………………………………………………（ ）

A. 两条平行的细实线； B. 两条相交的细实线；

C. 两条相交的细点画线； D. 两条相交的粗实线。

18. 与投影面倾斜角度小于或等于30°的圆或圆弧。其投影：……………（ ）

A. 应画成椭圆或椭圆弧； B. 可用圆或圆弧代替；

C. 可用多边形代替。

19. 物体按第一角、第三角画法可分别得到六个基本视图。试比较两种画法的六个基本视图的名称：…………………………………………………（ ）

A. 只有左视图和右视图名称相同，其他四个基本视图各有其不同名称；

B. 名称完全相同； C. 名称完全不同。

20. 对下图画法的归类，有三种解释，正确的解释是：…………………（ ）

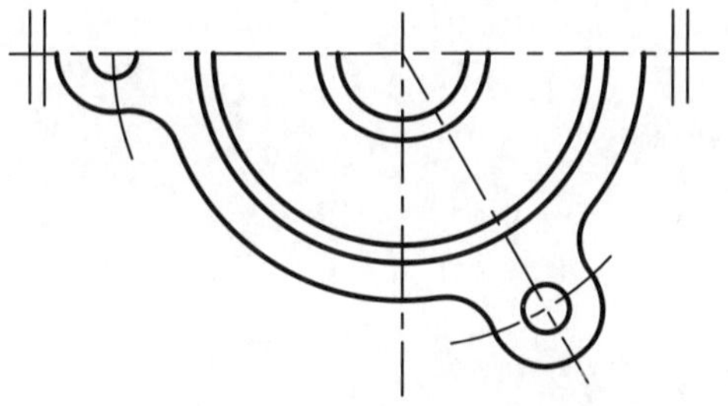

A. 只能理解为属于简化画法； B. 只能理解为属于局部视图；

C. 既可理解为属于简化画法也可理解为属于局部视图。

21. 根据主视图和俯视图，找出正确的左视图：……………………………（ ）

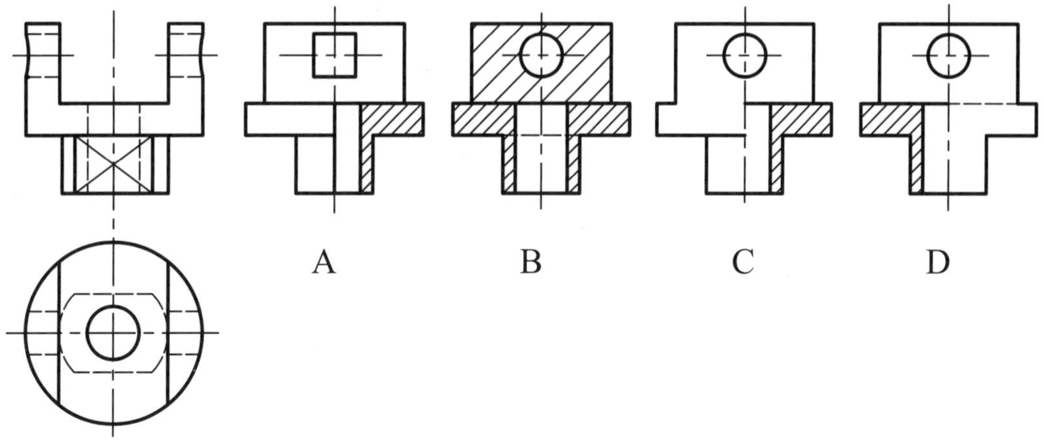

22. 根据俯视图，选择正确半剖主视图：………………………………（ ）

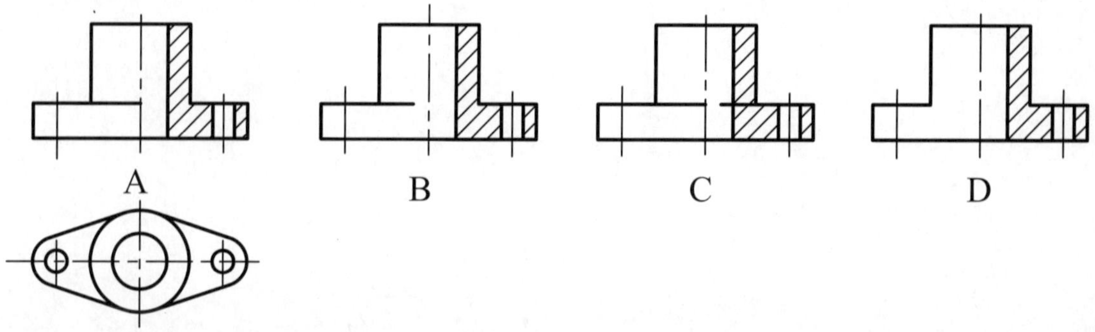

23. 根据俯视图，选择正确半剖主视图：………………………………（ ）

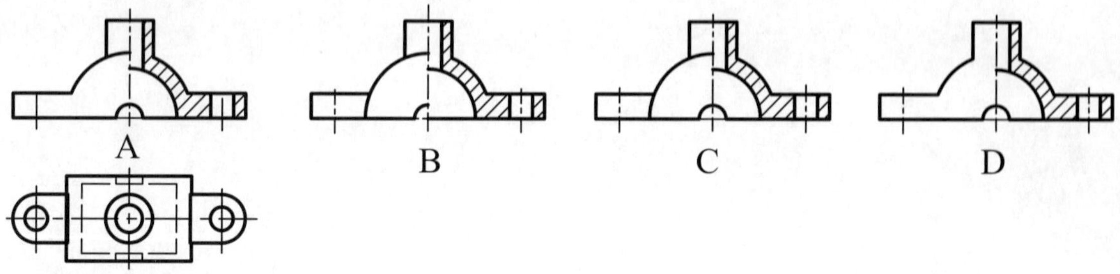

24. 根据俯视图，选择正确半剖主视图：………………………………（ ）

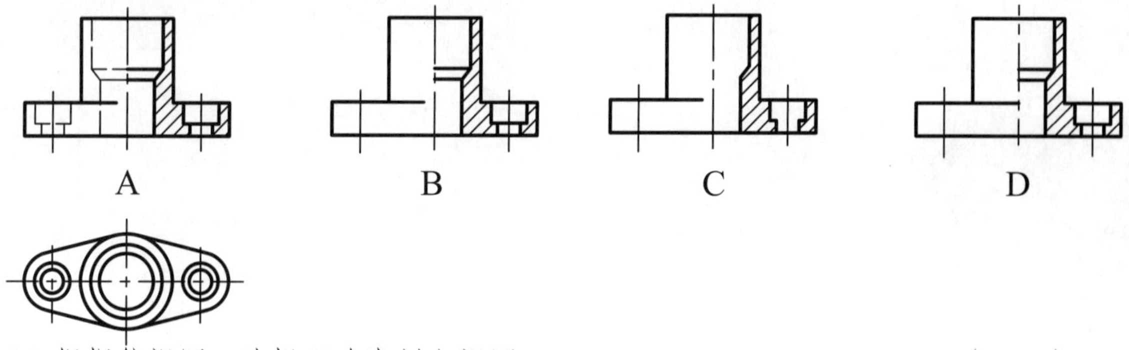

25. 根据俯视图，选择正确半剖主视图：………………………………（ ）

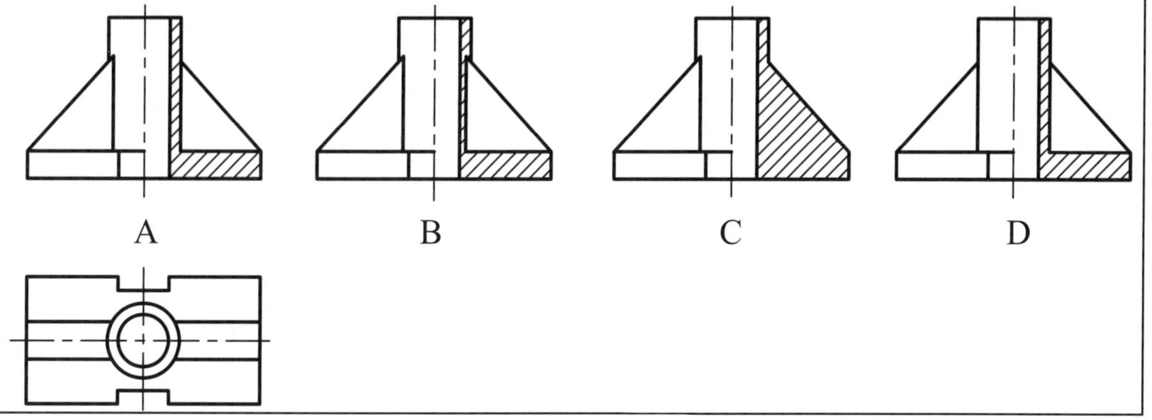

6-1　螺纹的规定画法和标注

姓名　　　　班级　　　　学号　　　　

1. 按规定画法，绘制螺纹的主、左两视图（1 ∶ 1）

（1）外螺纹：大径 M20、螺纹长 30mm、螺纹倒角 2×45°。

（2）内螺纹：大径 M20、螺纹长 30mm、孔深 40mm、螺纹倒角 2×45°。

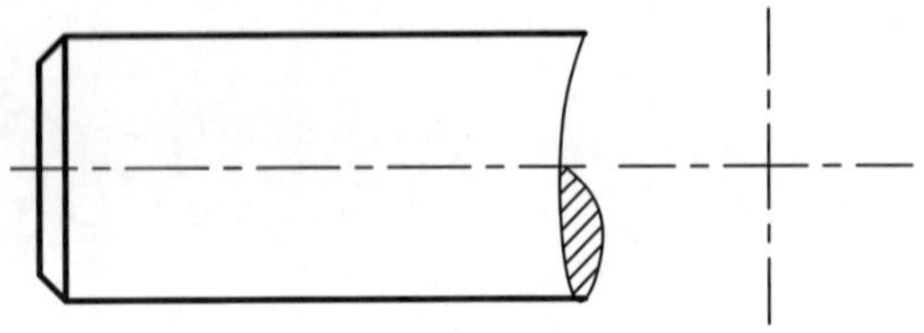

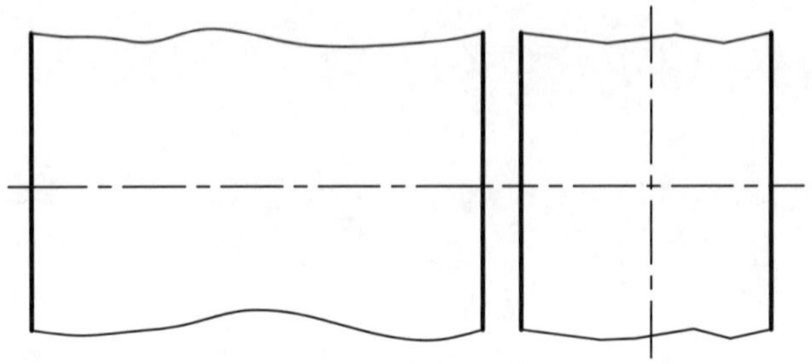

2. 将（1）中的外螺纹调头，旋入（2）的螺孔中，旋合长度为 20mm，作连接画法的主视图。

3. 根据下列给定的螺纹要素，在图中标注出螺纹的标记。

（1）细牙普通螺纹，大径 20mm，螺距 1.5mm，单线，左旋，中径及顶径公差带代号均为 6H。

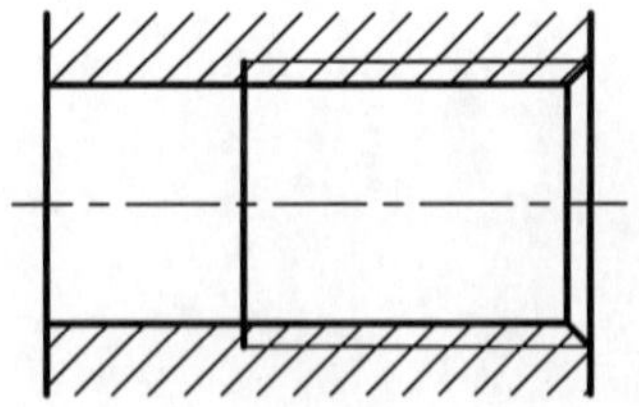

（2）粗牙普通螺纹，大径 24mm，螺距 3mm，单线，右旋，公差带代号为 6h，中等旋合长度。

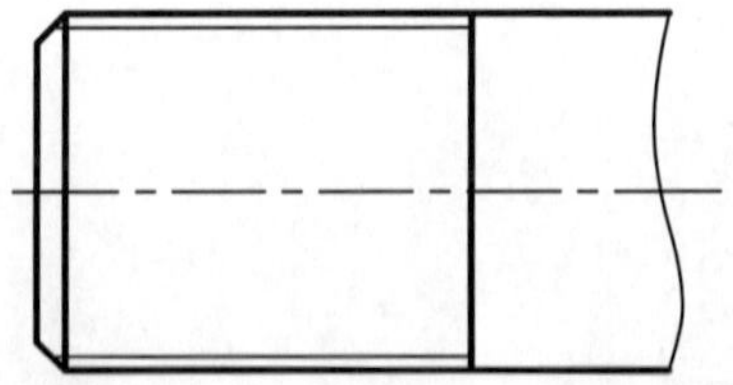

（3）非螺纹密封管螺纹，尺寸代号为 3/4。

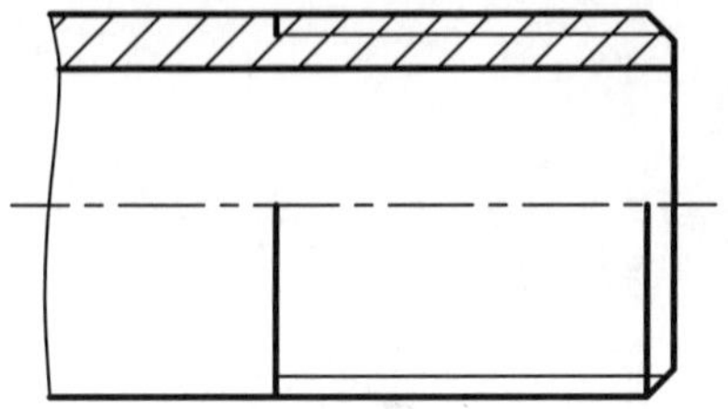

（4）梯形螺纹，大径 32mm，双线，导程 12mm，左旋，公差带代号为 8e，长旋合长度。

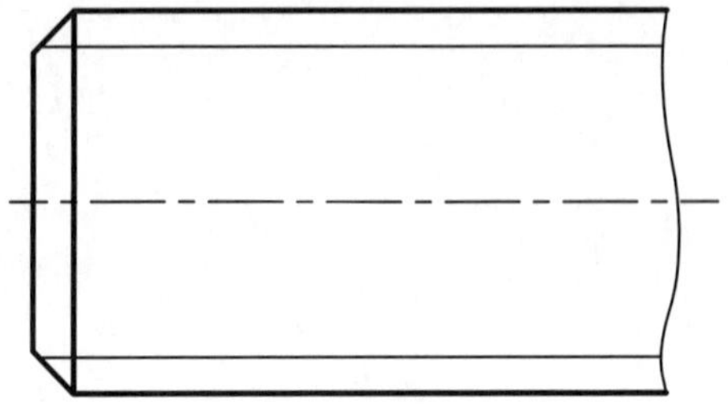

4. 已知下列螺纹代号，试识别其意义并填表。

螺纹代号螺纹代号	螺纹种类	大径	螺距	导程	线数	旋向	公差代号（中径）	旋合长度（种类）
M20-5g6g-s								
M20×1LH-6H								
Tr50×24（P8）-8e-L								
G1A								
B32×6-7e								

1. 查表后标注下列螺纹紧固件的尺寸数值，并注写其规定标记。

（1）B 型双头螺柱：螺纹规格 d=M12、公称长度 L=40mm，b_m=d。

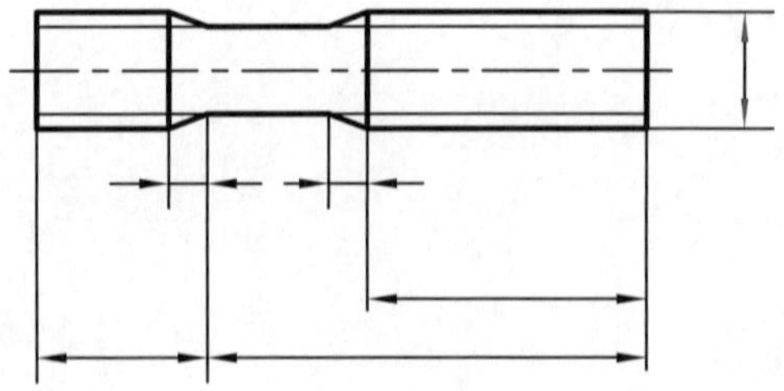

标记________________

（2）A 级Ⅰ型六角螺母：螺纹规格 d=24mm。

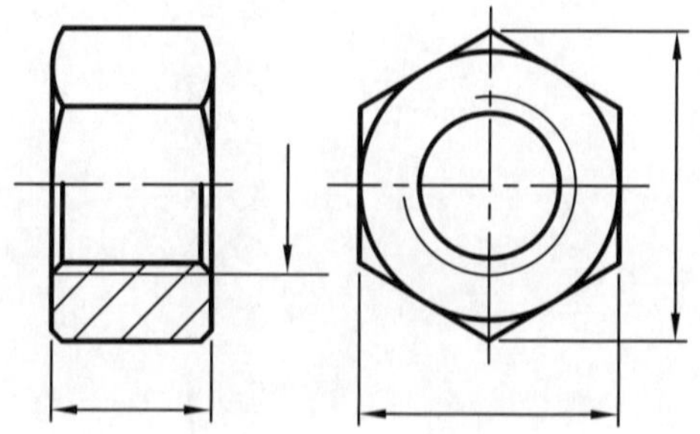

标记________________

（3）A 级倒角型平垫圈：公称尺寸 d=16mm。

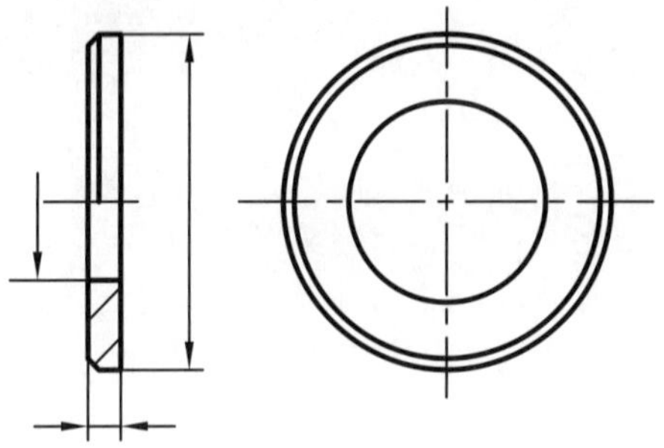

标记________________

（4）A 级开槽盘头螺钉：螺纹规格 d=M10、公称长度 L=45mm。

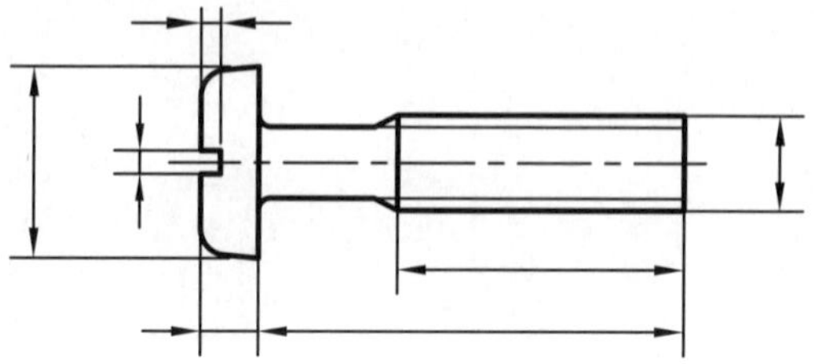

标记________________

（5）A 级六角头螺栓：螺纹规格 d=M12、公称长度 L=55mm。

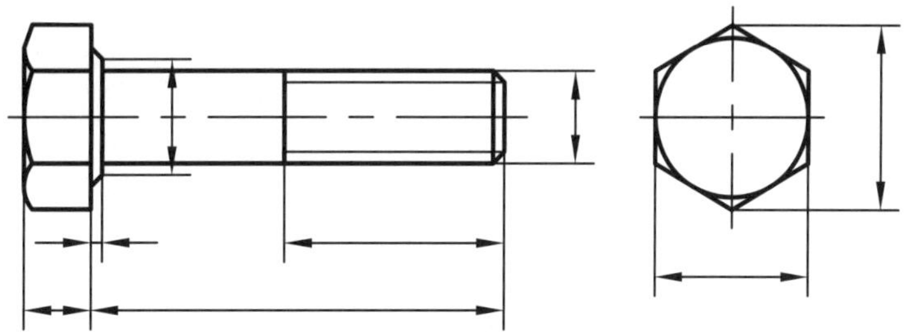

标记________________

2. 画出 d=6、A 型圆锥销连接图（补齐轮廓线和剖面线），并写出该销的标记。

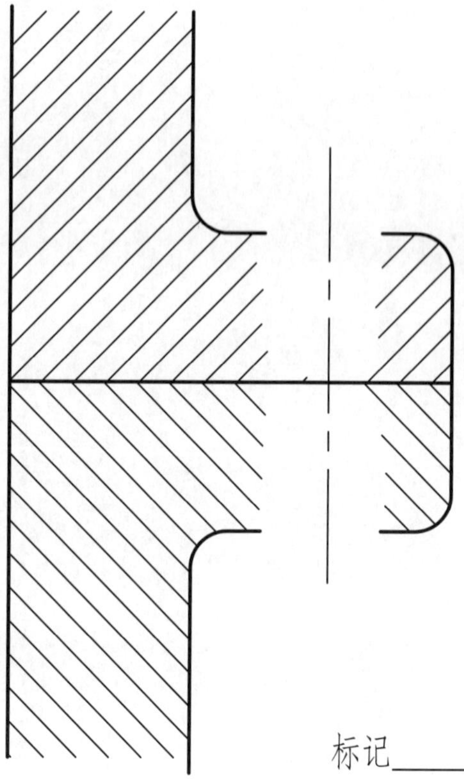

标记________________

1. 已知双头螺柱 GB/T 898—1988 M16×*L*，螺母 GB/T 6170—2000 M16，垫圈 GB/T 97.1—1985 16，用比例画法作出连接后的主、俯视图。

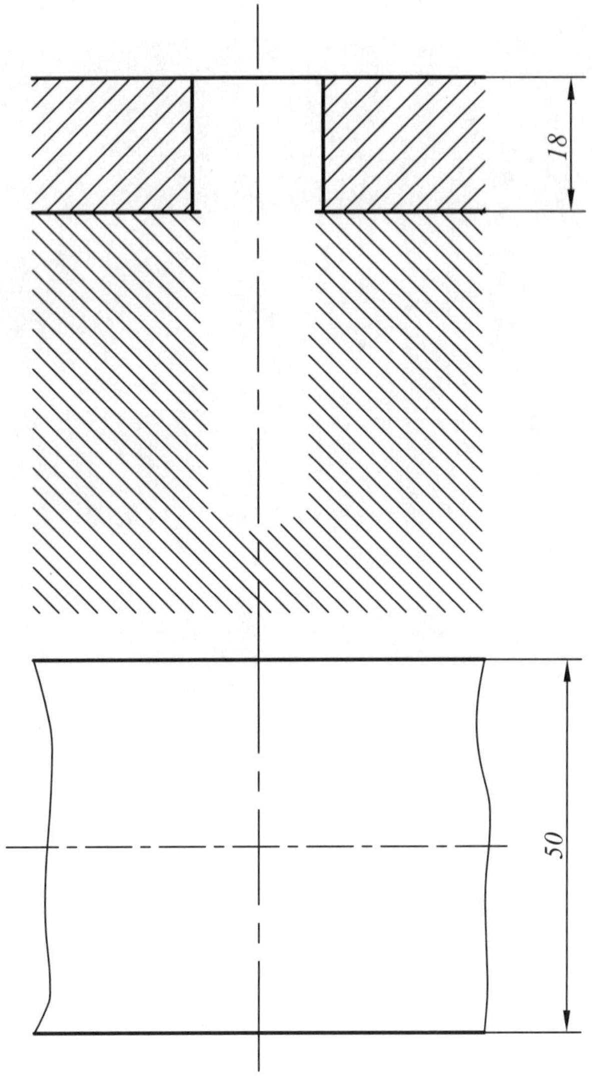

注：双头螺柱的公称长度 *L* 应经计算后查标准长度进行选定。被连接件材料为铸铁。

2. 已知螺栓 GB/T 5782—2000 M16×*L*，螺母 GB/T 6170—2000 M16，垫圈 GB/T 97.1—1985 16，用比例画法画出连接后的主、俯视图。

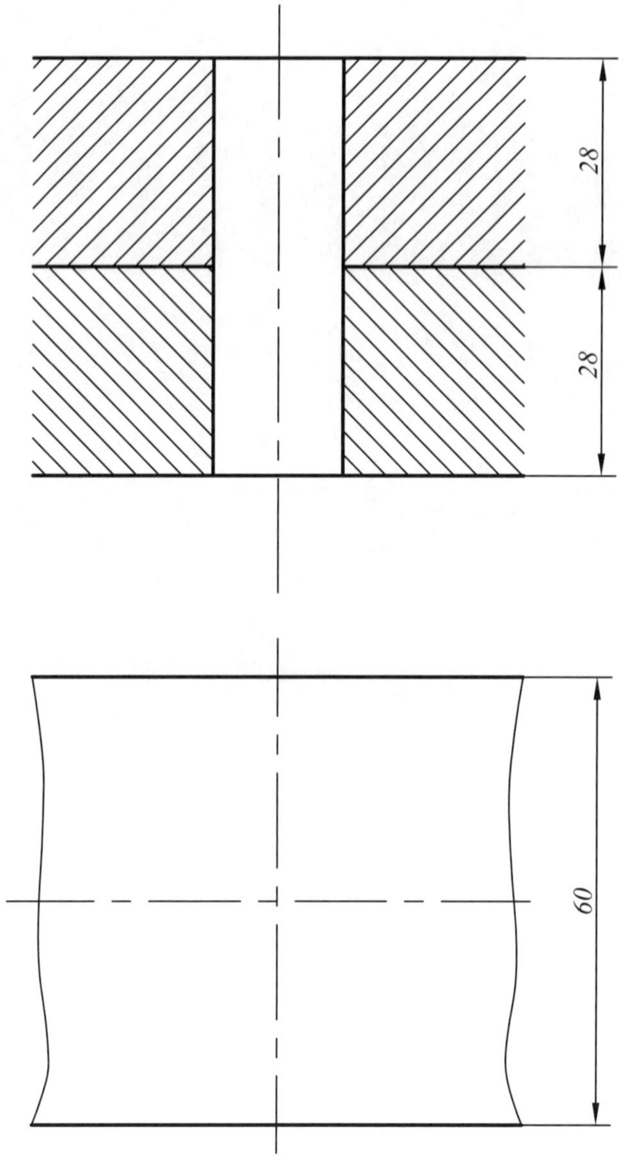

注：螺栓的公称长度 *L* 应经计算后查标准长度进行选定。

3. 已知螺钉 GB/T 68—2000 M8×*L*，用比例画法作出连接后的主、俯视图。

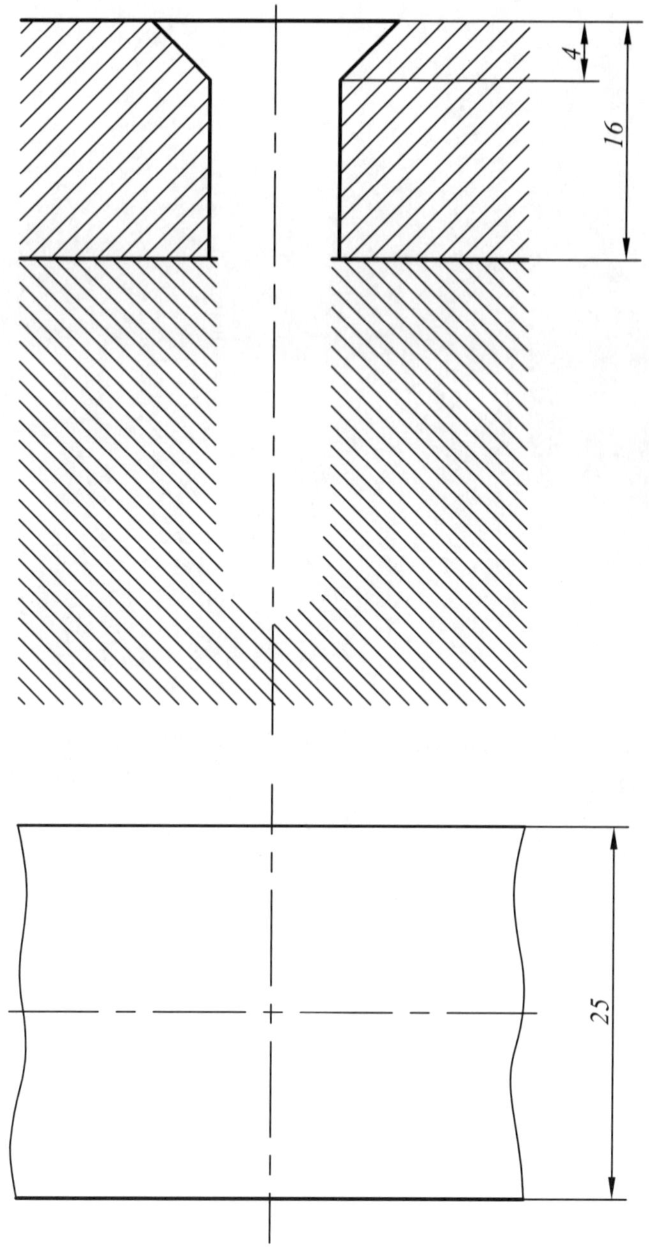

注：螺钉的公称长度 *L* 应经计算后查标准长度进行选定。被连接材料为铝合金。

1. 已知齿轮和轴，用 A 型普通平键连接，轴孔直径为 40mm，键的长度为 40mm。

（1）按轴径查表确定键和键槽的尺寸，用 1 ∶ 2 画全下列各视图和断面图，并标注出图（a）和（b）中键槽的尺寸。

（a）轴

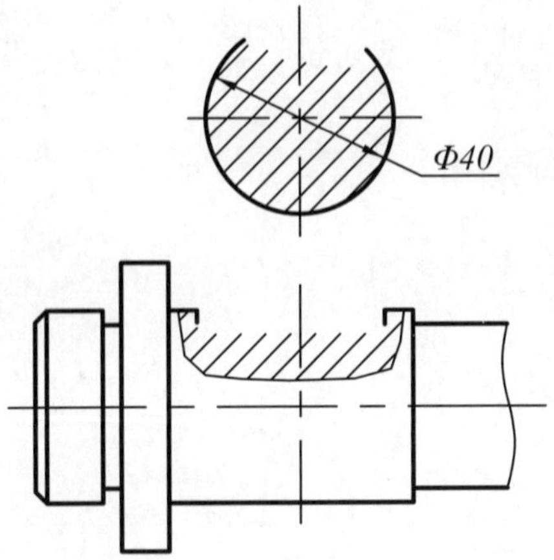

（b）齿轮

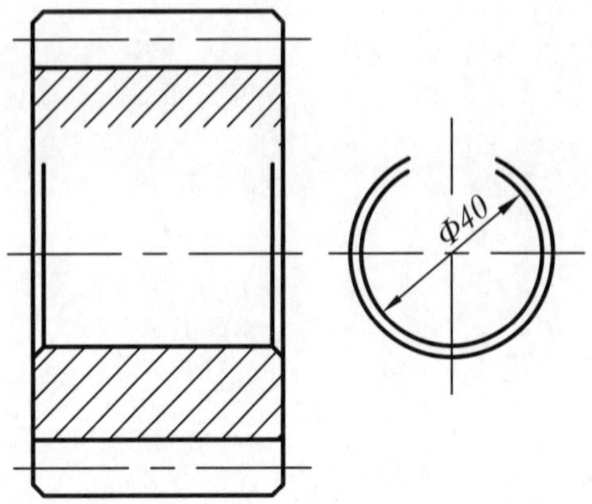

（2）画出图（a）、（b）中轴与齿轮用键连接的装配图，并写出键的标记。

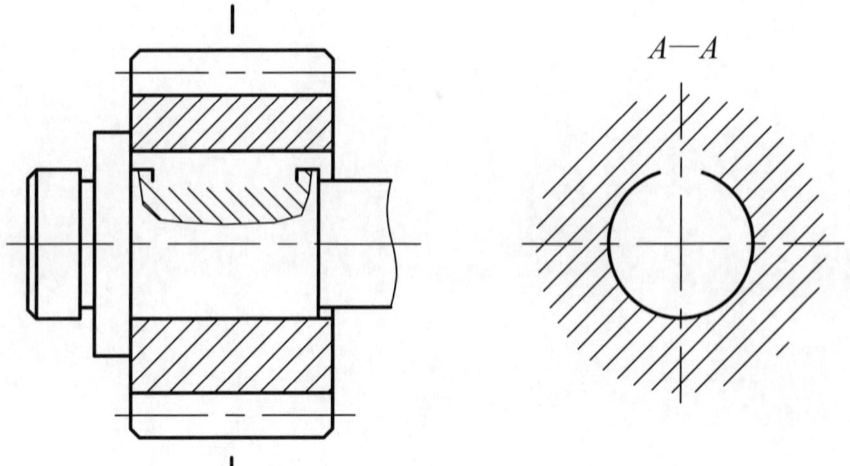

键的标记____________

2. 用规定画法，1 ∶ 1 的比例，在齿轮 Φ30m6 轴颈处画 6206 深沟球轴承一对（轴承端面要紧靠轴肩）。

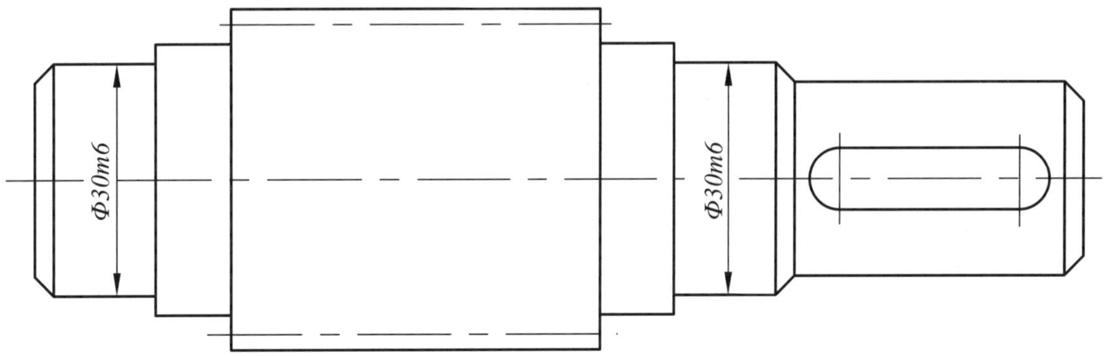

1. 已知一平板形直齿圆柱齿轮的 m=2，z=20，要求：

（1）列出计算公式填写算出的 d，d_a 及 d_f 数据；

（2）按 1 ：1 的比例补全齿轮的两视图；

（3）补全齿轮及键槽尺寸。

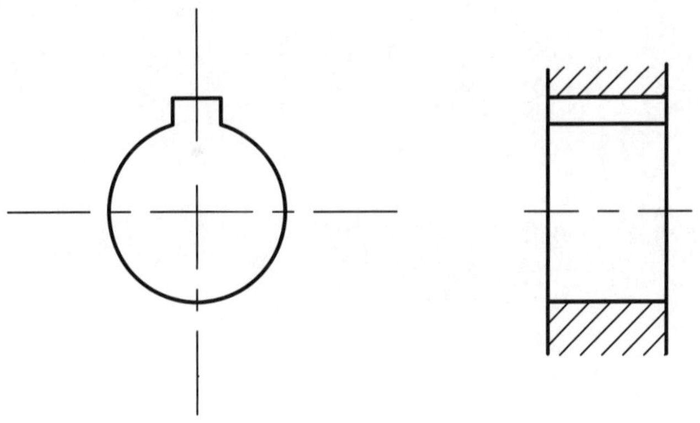

2. 已知齿轮模数 m=4，小齿轮齿数 z=18，大齿轮齿数 z=36，试计算大小两齿轮的分度圆、齿顶圆和齿根圆直径及两齿轮的传动比，并按比例 1 ：2 完成这对齿轮的啮合图。

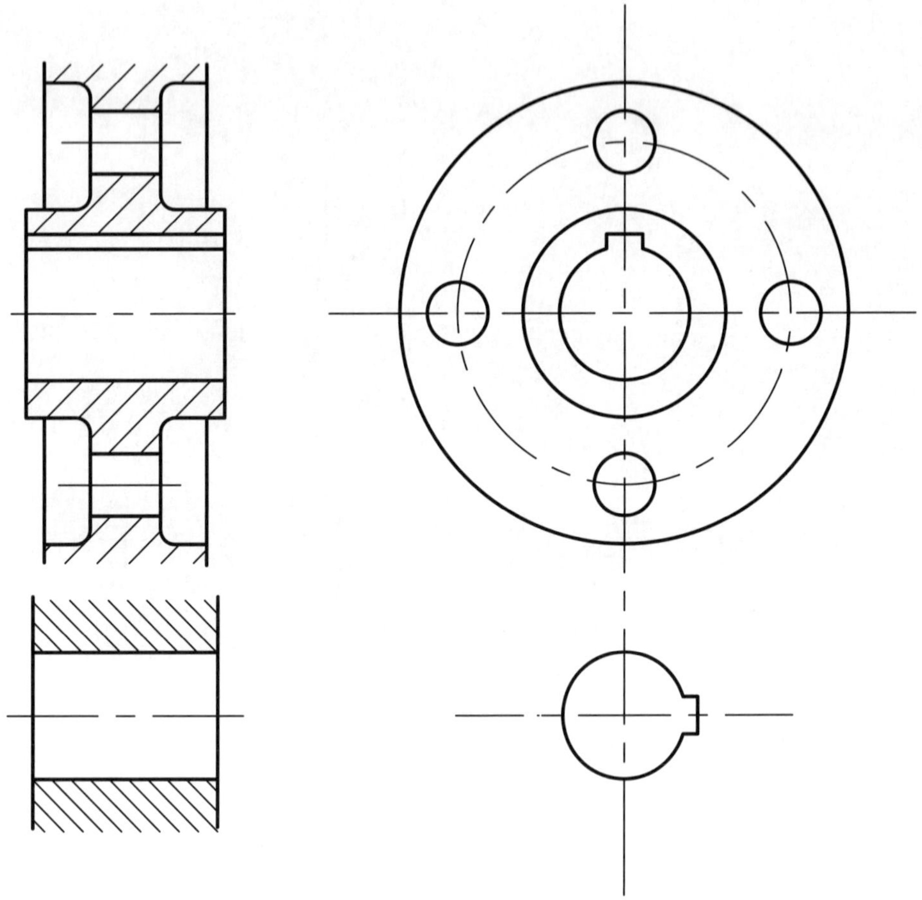

7-1　零件图 填空题（一）	姓名	班级	学号	45

一、填空题

1. 零件图一般应包括如下四个方面的内容：一组表达零件的视图、________、________和________。
2. 表面粗糙度符号√表示零件表面是用________方法获得的，○√表示零件表面是用________方法获得的。
3. 当零件大部分表面具有相同的表面粗糙度要求时，其表面粗糙度要求可统一标注在图样的________附近。
4. 视图中标注的尺寸，按其作用可分为________、________和________。
5. 尺寸基准按其重要性可分为________基准和________基准两种。
6. 在尺寸公差带中，________确定公差带位置，________确定公差带大小。
7. 配合有________和________两种基准制。配合分成________、________和________。
8. 基孔制的孔（基准孔）用符号________表示，其基本偏差的值为________。基轴制的轴（基准轴）用符号________表示，其基本偏差的值为________。
9. 配合是指相互结合的孔和轴公差带之间的关系，两者的________必须相同。
10. 形状公差的特征项目有________；位置公差的特征项目有________。

二、选择题（每道题只有一个答案，将答案填入括号中）

1. 某图样标题栏中的比例为 1 ∶ 10，该图样中有一个图形是局部剖切后单独画出的，其上方标有 1 ∶ 2，则该图形：……………………………………（　　）
   A. 因采用缩小比例 1 ∶ 2，它不是局部放大图；
   B. 是采用剖视画出的局部放大图；
   C. 既不是局部放大图，也不是剖视图；
   D. 不是局部放大图，是采用缩小比例画出的局部视图。
2. 对于公差的数值，下列说法正确的是：……………………………………（　　）
   A. 必须为正值；
   B. 必须大于等于零；
   C. 可以为正、为负、为零；
   D. 必须为负值。
3. 下列尺寸公差注法正确的是：……………………………………………（　　）
   A. $\Phi50^{+0.021}_{+0.002}$　　B. $\Phi50^{-0.03}_{-0.01}$　　C. $\Phi50^{-0.02}_{+0.03}$　　D. $\Phi50^{+0.015}_{-0.01}$
4. 下列一组公差带代号，哪一个可与基准孔 Φ42H7 形成间隙配合：……（　　）
   A. Φ42g6　　B. Φ42n6　　C. Φ42m6　　D. Φ42s6
5. 下列一组公差带代号，哪一个可与基准轴 Φ50h7 形成过盈配合：……（　　）
   A. Φ50F8　　B. Φ50H8　　C. Φ50K8　　D. Φ50S8
6. 下列线性尺寸公差注法错误的是：……………………………………（　　）

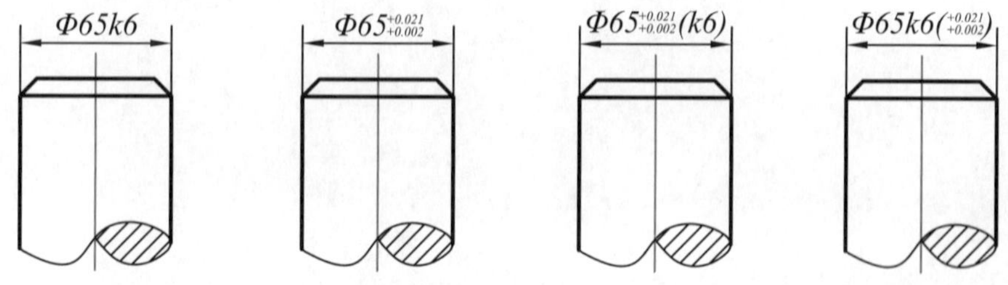

A　　B　　C　　D

7. 下列装配图中标注线性尺寸的配合代号错误的是：………………………（　　）

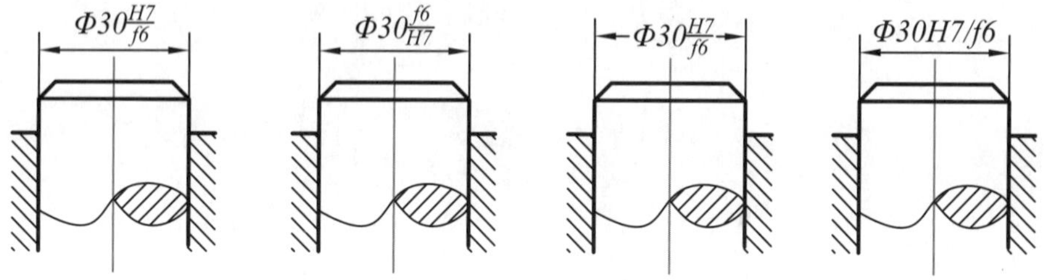

A　　B　　C　　D

8. 下图中，倒角标注错误的是：………………………………………………（　　）

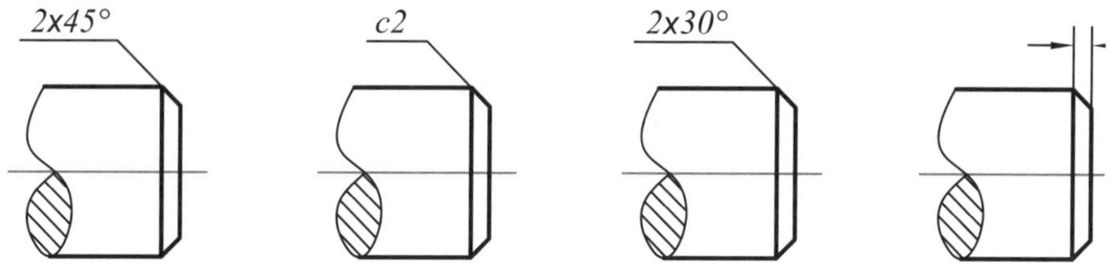

A　　B　　C　　D

9. 图中被测孔的轴线对两槽的公共中心平面的对称度公差为 0.08mm，欲满足这一要求，下面哪一个框格是正确的：……………………………………（　　）

A. ⌯ | 0.08 | A | B
B. ⌯ | 0.08 | A—B
C. ⌯ | 0.04 | A—B
D. ⌯ | 0.04 | B—A

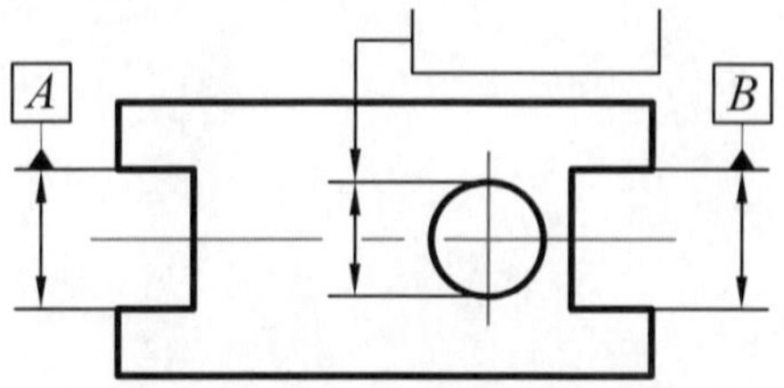

10. 按图中要求，应选哪一个符号填入框格内的“I”中？………………（　　）

A. ↗
B. ◎
C. ⌰
D. ⌯

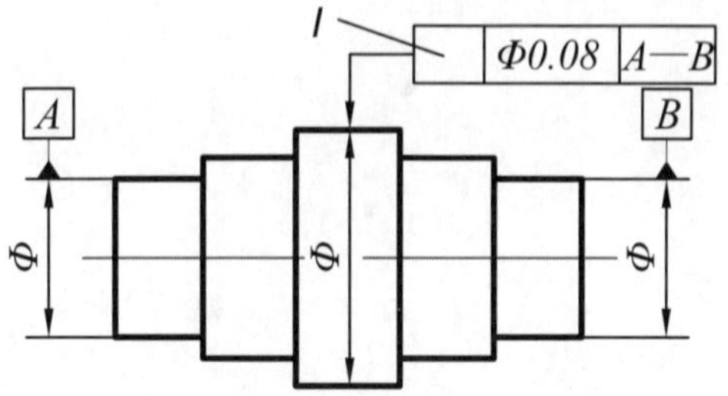

11. 图形中上面孔的轴线对下面基准孔的轴线，在给定的方向上的平行度公差为 0.03mm，下面的标注哪一个是正确的？………………………………（　　）

A. // | Φ0.015
B. // | 0.06
C. // | Φ0.03 | A
D. // | 0.03 | A

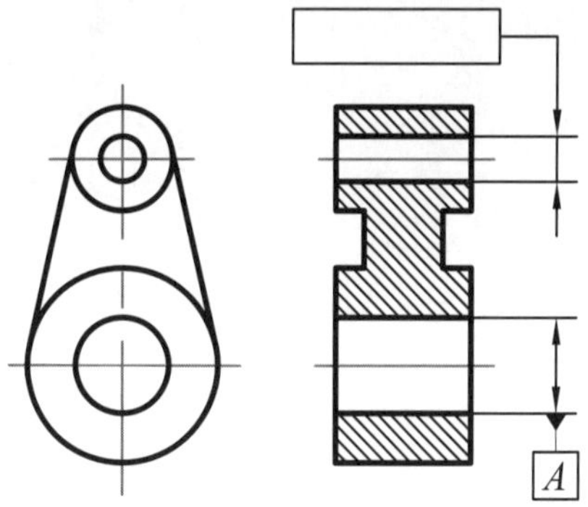

12. 根据国家标准，以下说法正确的是：………………………………（　　）
A. 线轮廓度和面轮廓度均属于形状公差；
B. 线轮廓度和面轮廓度有基准要求时属于位置公差，没有基准要求时属于形状公差；
C. 线轮廓度和面轮廓度均属于位置公差；
D. 线轮廓度属于形状公差，面轮廓度属于位置公差。

三、尺寸注法

1. 改正错误的标注，补全漏注的尺寸（按 1 ∶ 1 量取，取整数，不要的打“×”）。

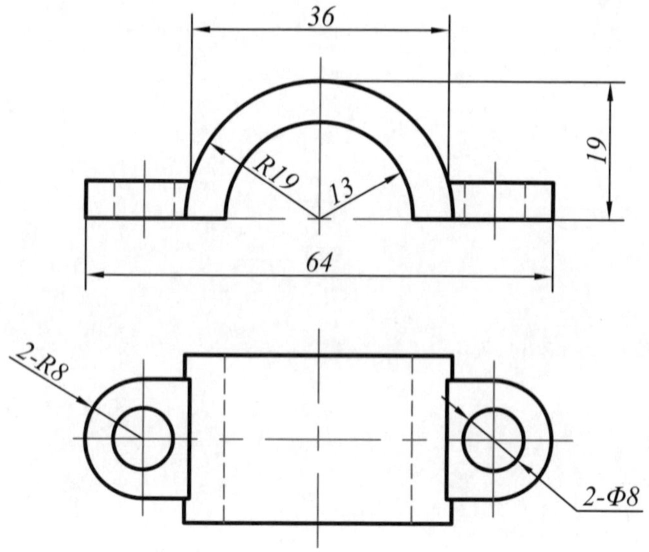

2. 改正错误的标注，补全漏注的尺寸（按 1 ∶ 1 量取，取整数，不要的打“×”）。

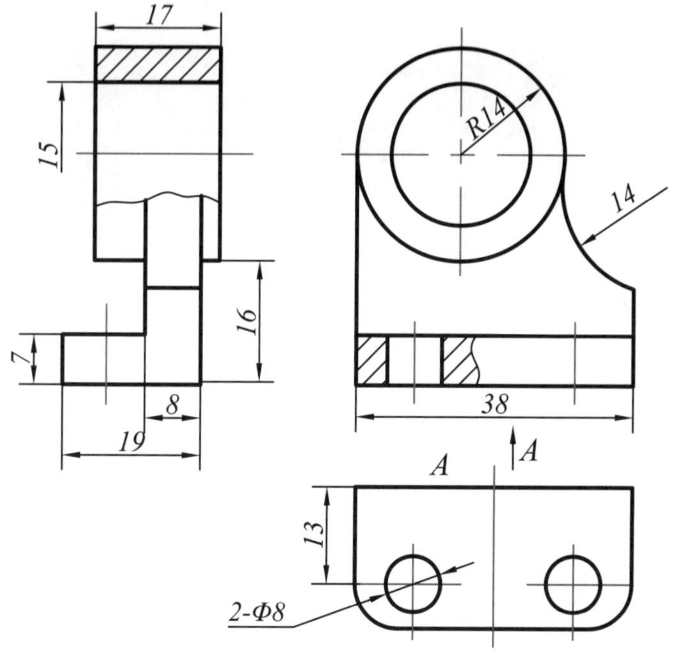

1. 将指定表面粗糙度用代号标注在图上。

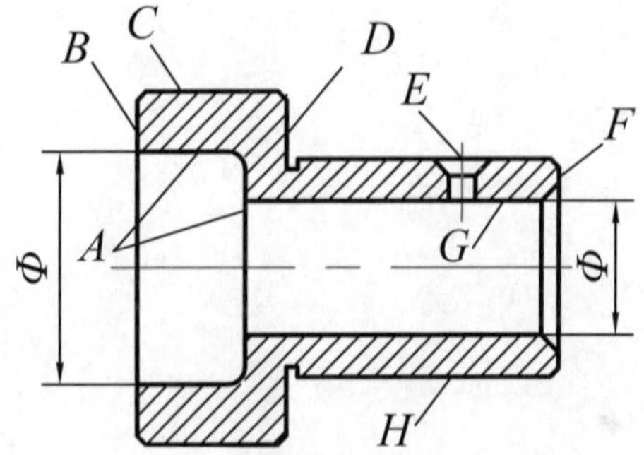

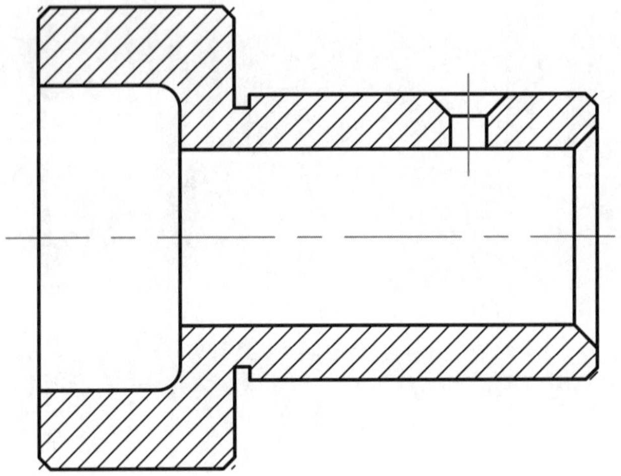

A面	Ra25
B面	Ra3.2
C面	Ra3.2
D面	Ra3.2
E孔面	Ra12.5
F面	Ra12.5
G面	Ra0.8
H面	Ra3.2
其余面	Ra25

2. 根据装配图中的配合尺寸，在零件图中注出基本尺寸和上、下偏差数值，并填空说明属何种配合制度和配合类别。

(1) 轴和套的配合采用基_______制，是_______配合；

(2) 套和座体的配合采用基_______制，是_______配合。

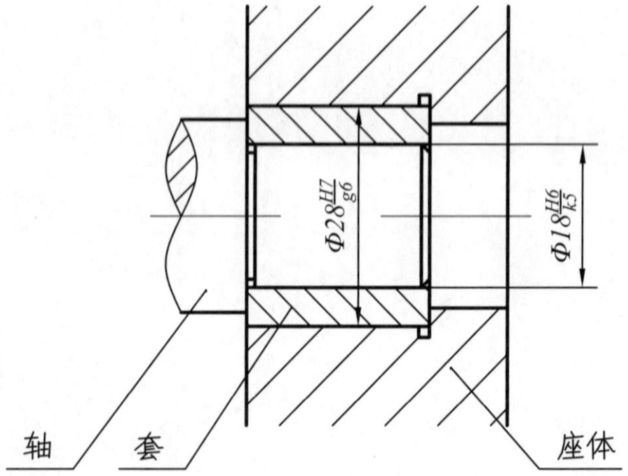

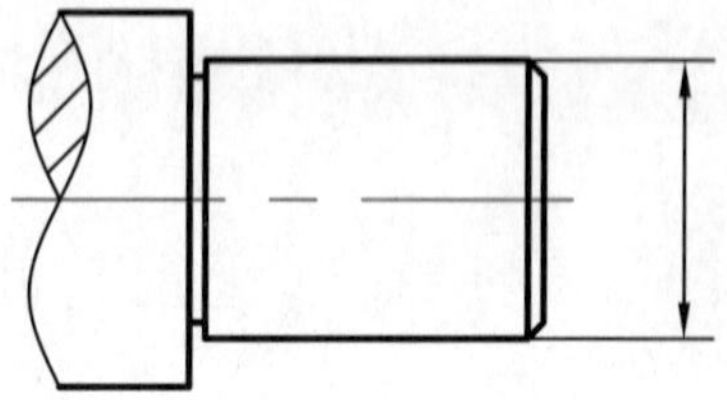

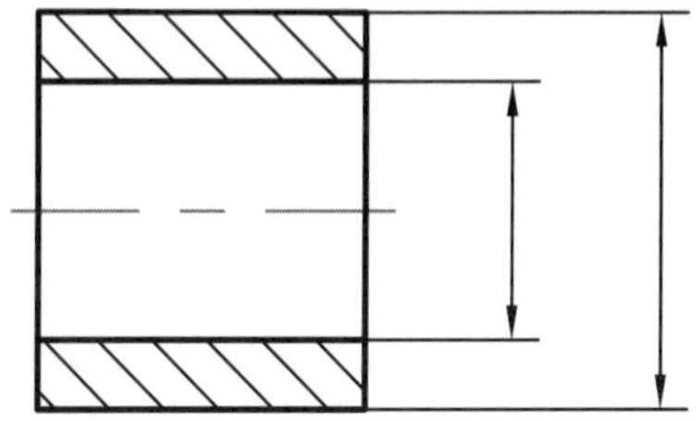

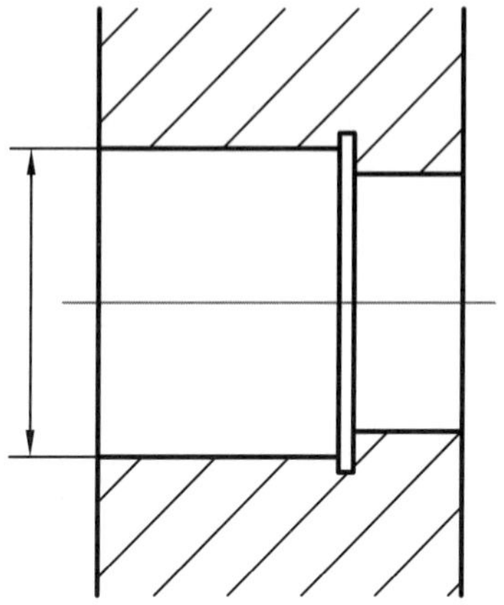

根据叉架的轴测图和所注尺寸，按比例 1 ：1 在 A3 图纸上画出叉架的零件图。 材料：HT200

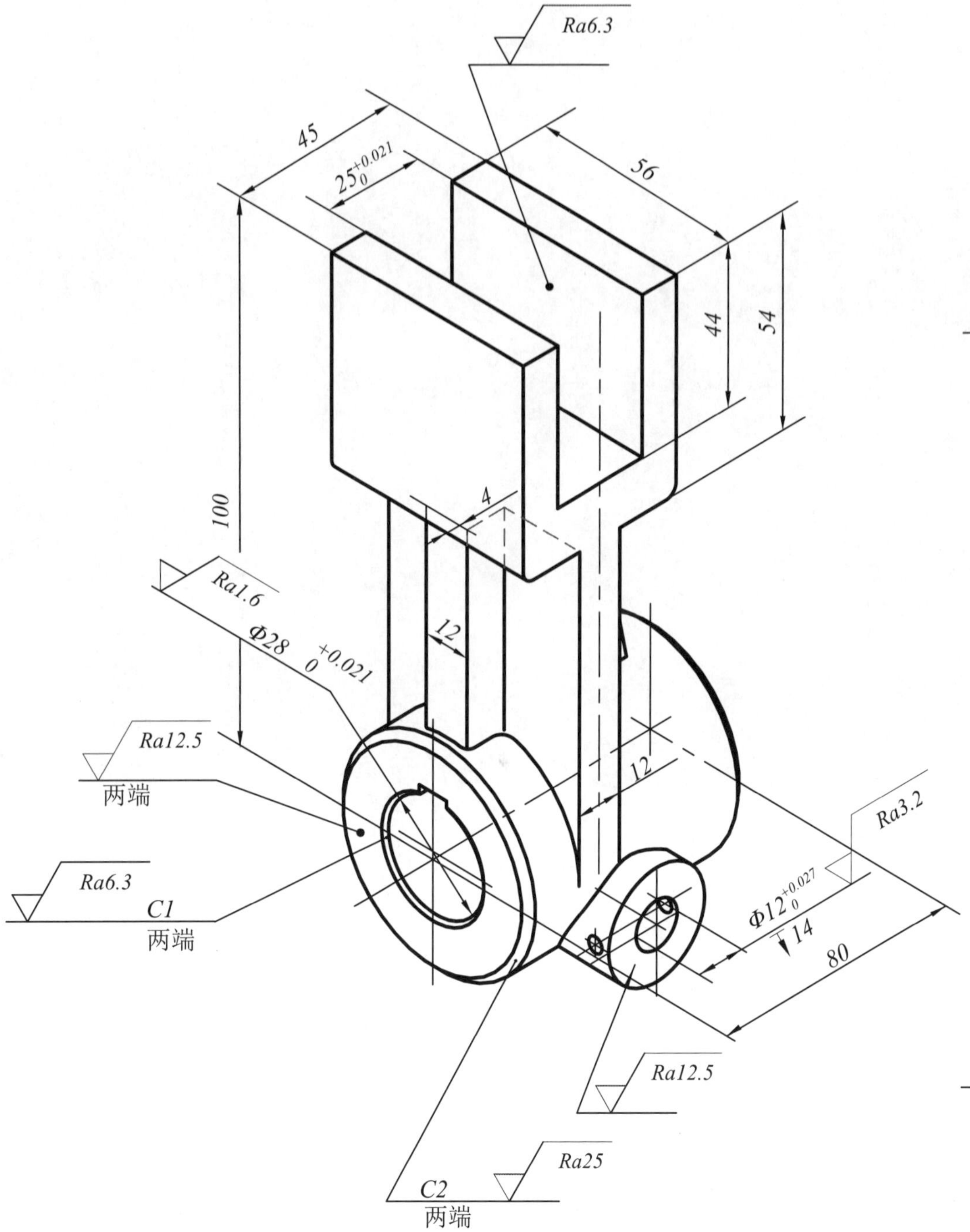

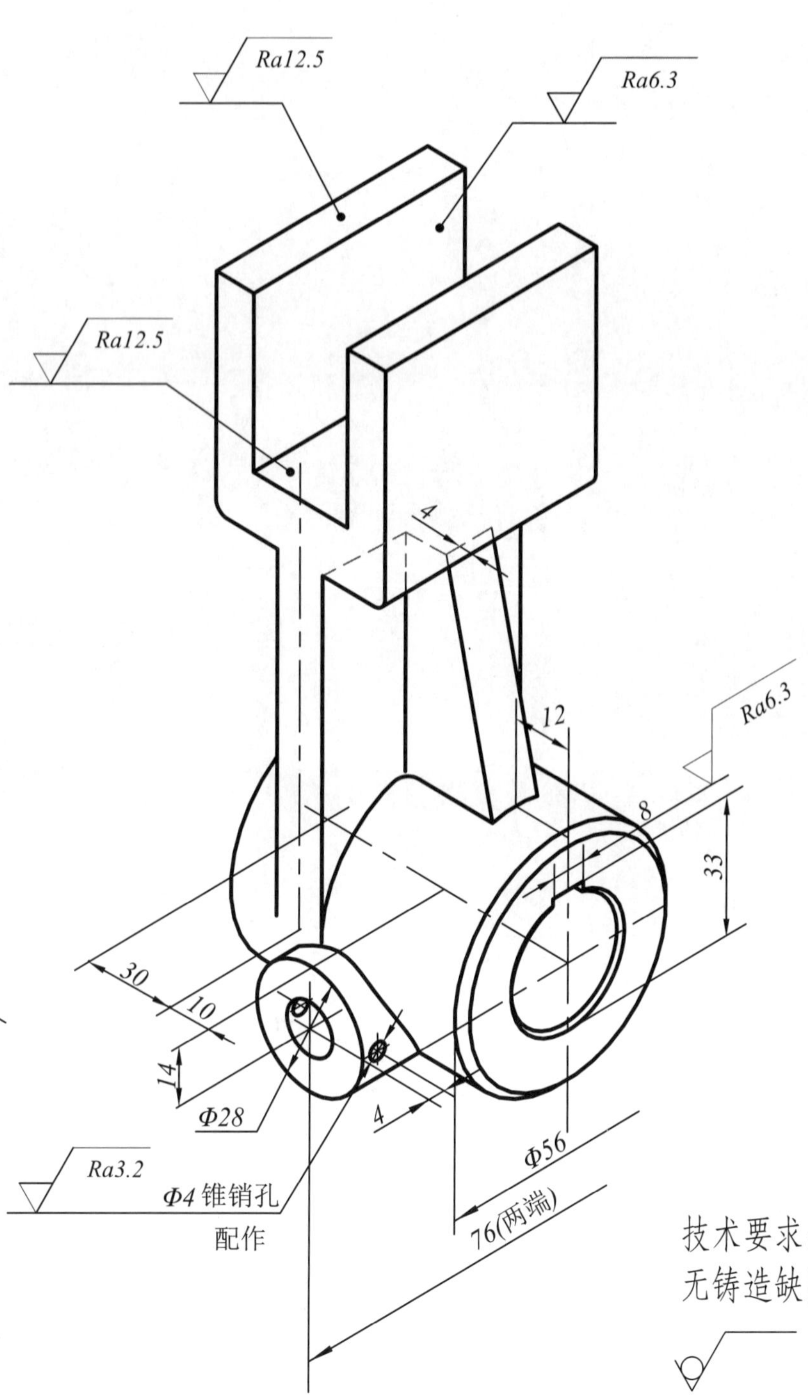

技术要求：
无铸造缺陷，未注圆角 *R*3

（√）

根据阀体的轴测图和所注尺寸，按比例 1 ∶ 1 在 A3 图纸上画出阀体的零件图。

材料：HT150

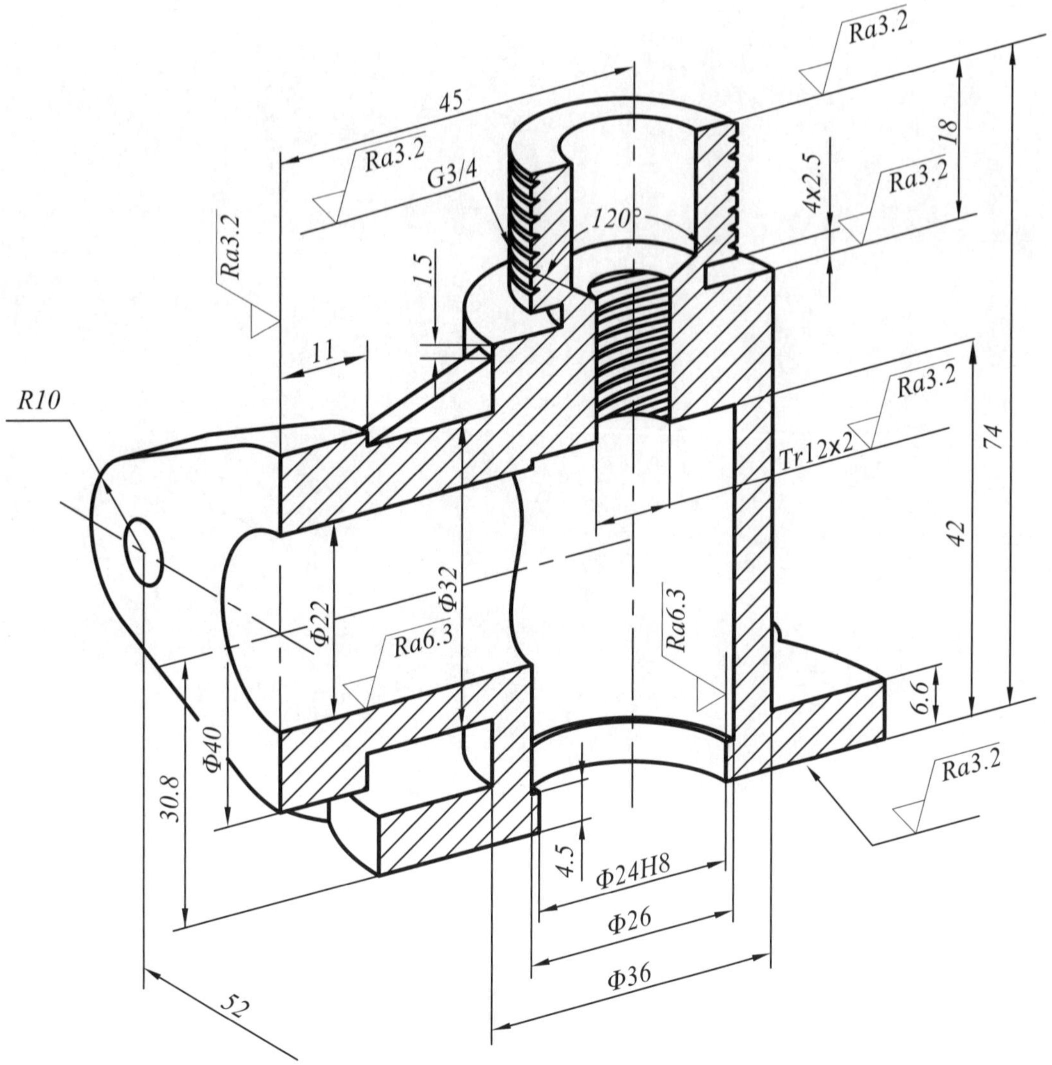

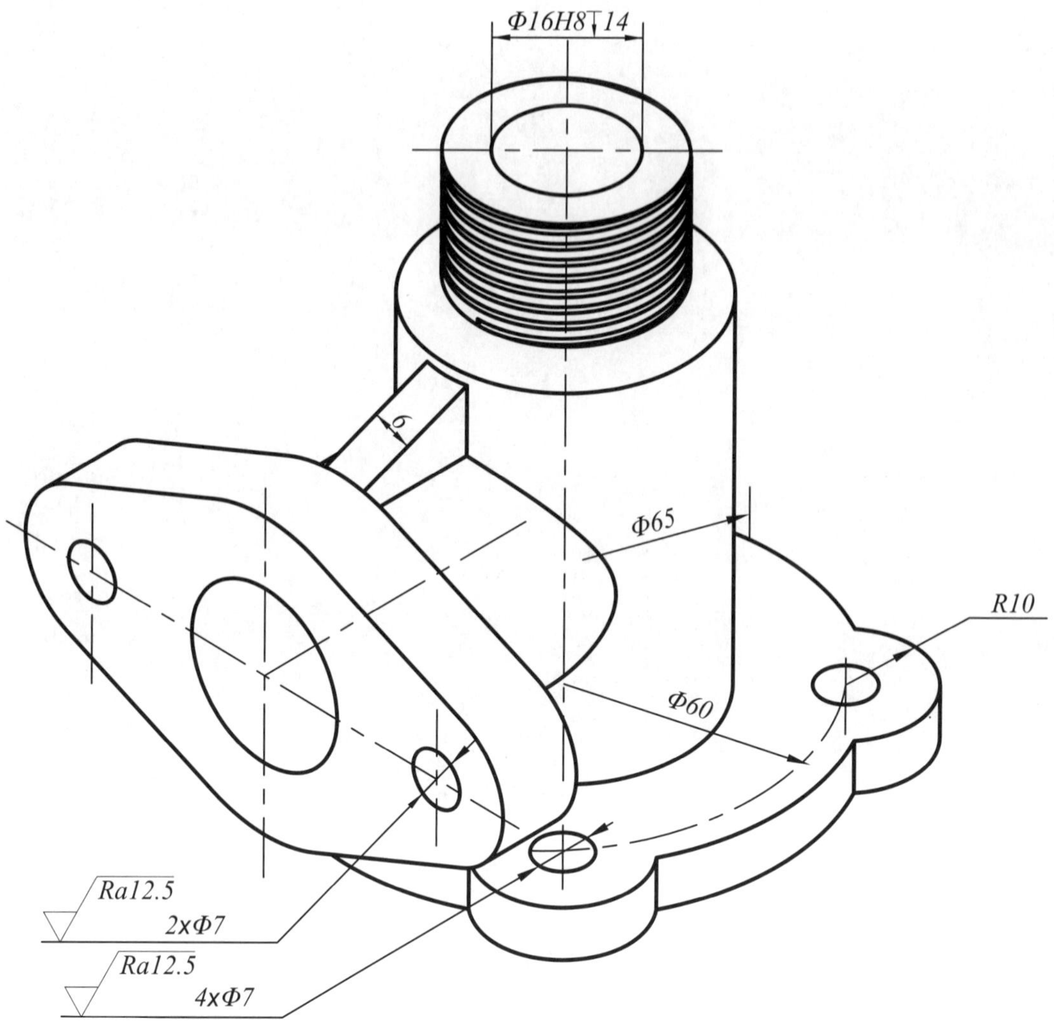

技术要求：未注圆角 *R*3；其余 ◯√

7-6 读零件图回答问题（一）　　姓名　　班级　　学号

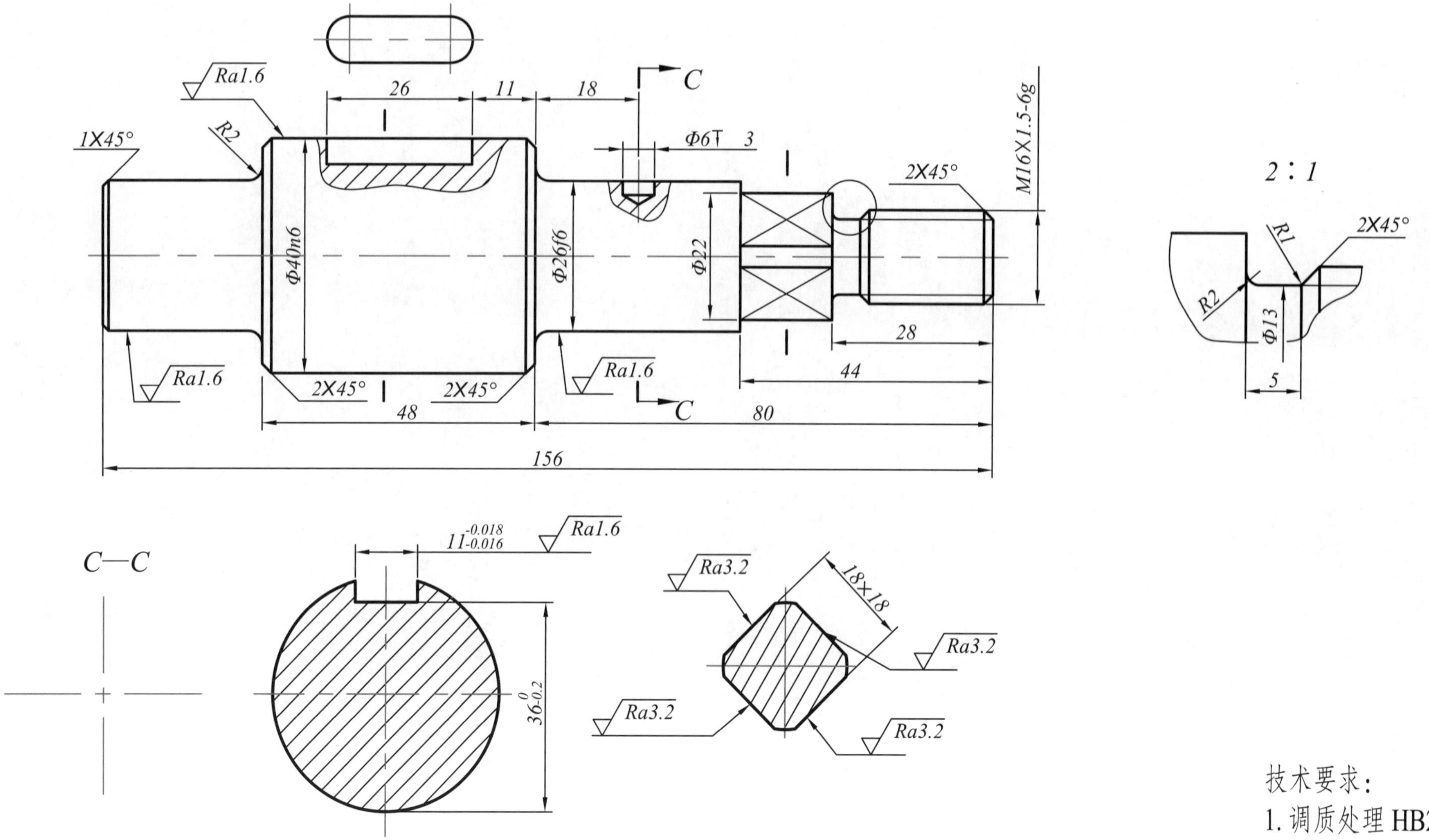

技术要求：

1. 调质处理 HB241 ~ 269；
2. 未注圆角 *R*1.5。

1. 该零件采用了哪些表达方法。
2. 找出零件的长、宽、高三个方向的主要尺寸基准。
3. 主视图上的尺寸156、26、11、18、Φ6属于哪类尺寸。分别为：总体尺寸______；定位尺寸______；定形尺寸______。
4. 标题栏上方注出的"$\sqrt{Ra6.3}$"的含义是______。
5. Φ26f6 的上偏差______，下偏差______，最大极限尺寸______，最小极限尺寸______，公差______。
6. 在图中作出 *C—C* 的移出断面图。

$\sqrt{Ra6.3}$ （√）

输出轴			比例	1∶1		
			数量			
制图			重量		材料	45
描图						
审核						

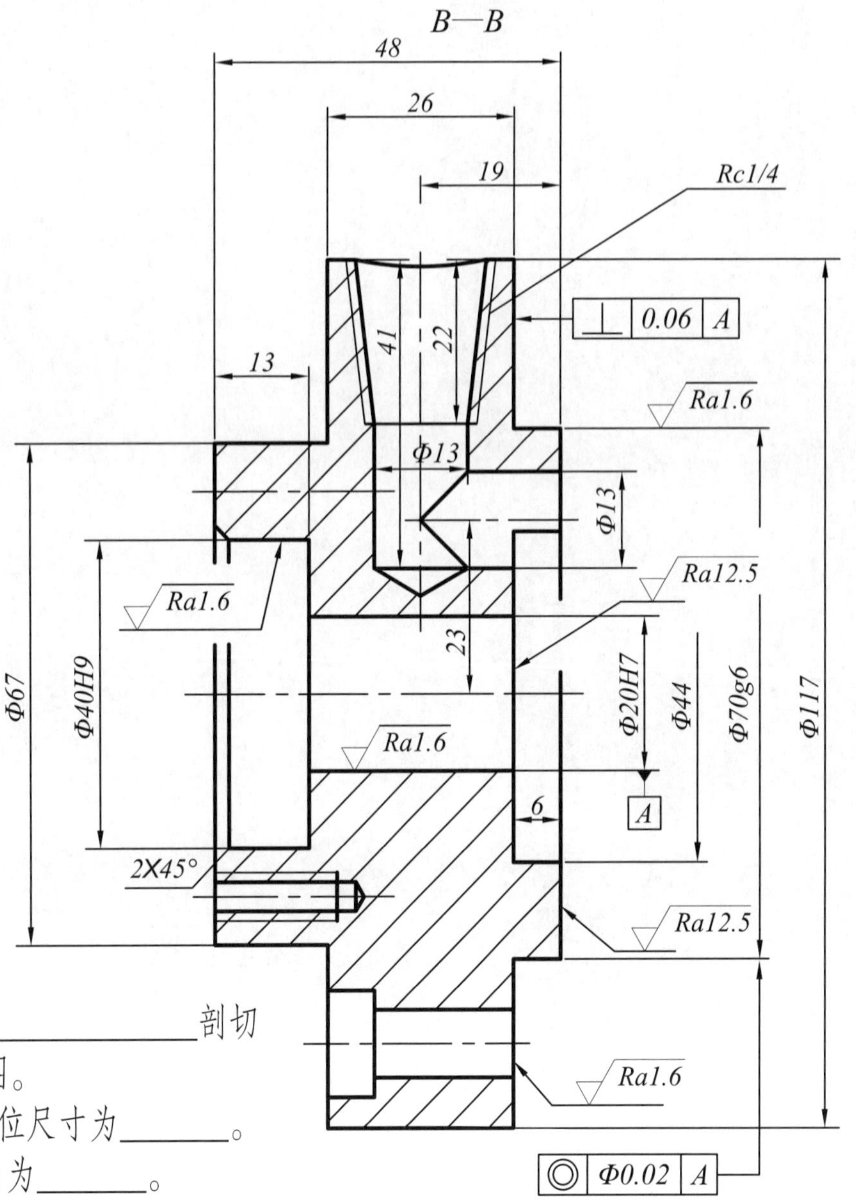

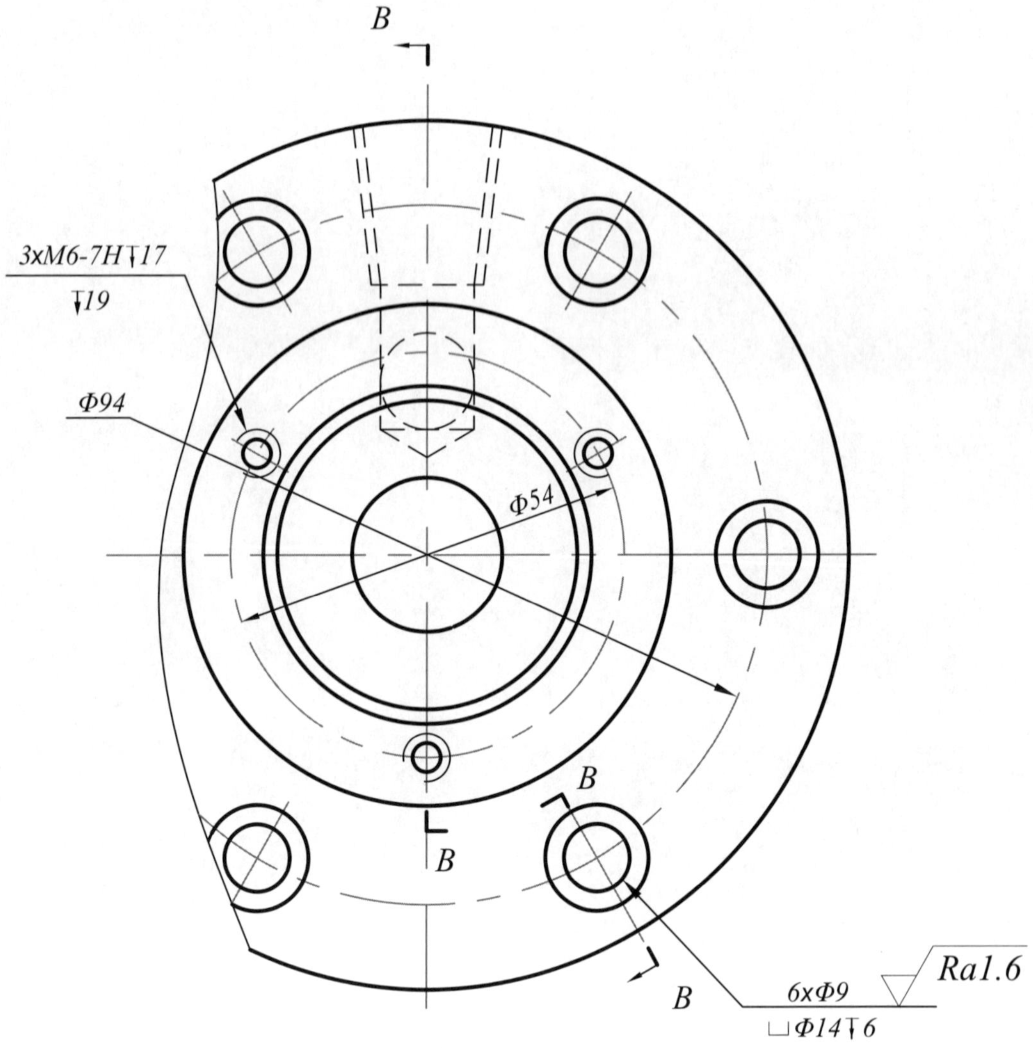

1. 零件的主视图采用了__________剖切的________剖视图。
2. 右端面上 Φ13 孔的定位尺寸为______。
3. 左端面表面粗糙度 *Ra* 为______。
4. 图中同轴度公差框格的含义是______。
5. 六个沉孔的定位尺寸为______。
6. 零件上有几个螺纹孔______。
7. 写出 *R*c1/4 的含义______。
8. 图中垂直度公差框格的含义是______。
9. 查表并写出 Φ20H7 的极限偏差______。
10. 画出零件的右视图外形图。

技术要求：

1. 铸坯不得有砂眼、裂纹等缺陷；
2. 锐边倒角，未注倒角均为 C1；
3. 全部螺纹孔均有倒角；
4. 铸件应人工时效处理。

*Ra*6.3 （√）

端 盖	比例	数量	材料	（图号）
	1∶1	1	HT150	
制图				
校核				

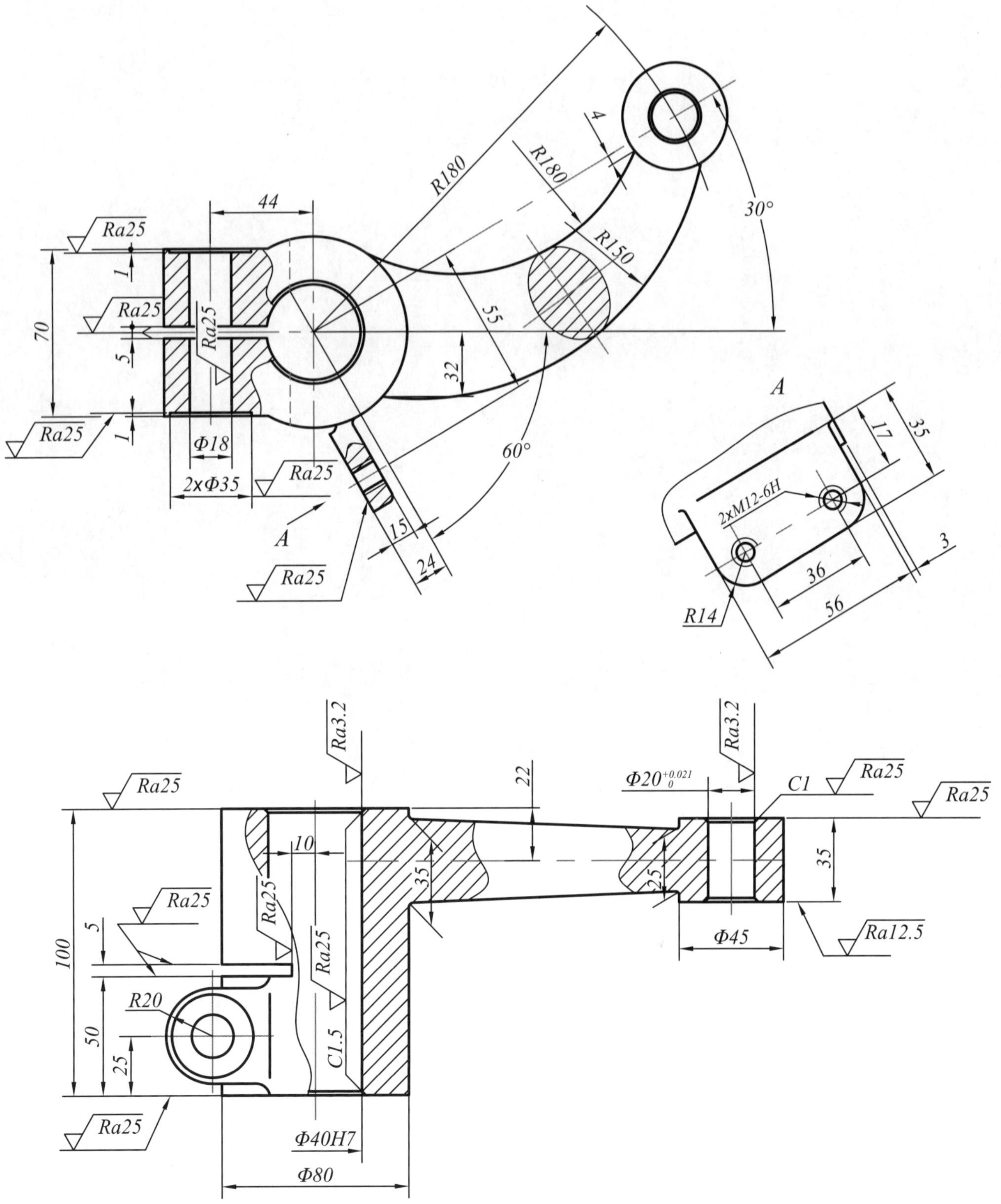

1. 该零件用了________视图，与________视图和 *A* 向______视图，______断面图来表达其形状结构。
2. $\Phi20^{+0.021}_{0}$孔的定位尺寸为_____，Φ18 孔的定位尺寸为______。
3. Φ80 套筒与 Φ45 套筒后端面的距离为____mm。
4. 连接脚的定位尺寸是_____，定形尺寸是_____。
5. 连接脚距 Φ80 套筒的前端面的距离为______，距离后端面为______。
6. 用文字和指引线标出图中过渡线的投影。
7. 在图中用文字和指引线标出长、宽、高三个方向的主要尺寸基准。

技术要求：
未标注圆角为 *R*2 ~ *R*4。

Ra（√）

弯 臂		比例	数量	材料	（图号）
		1∶2	1	HT200	
制图					
校核					

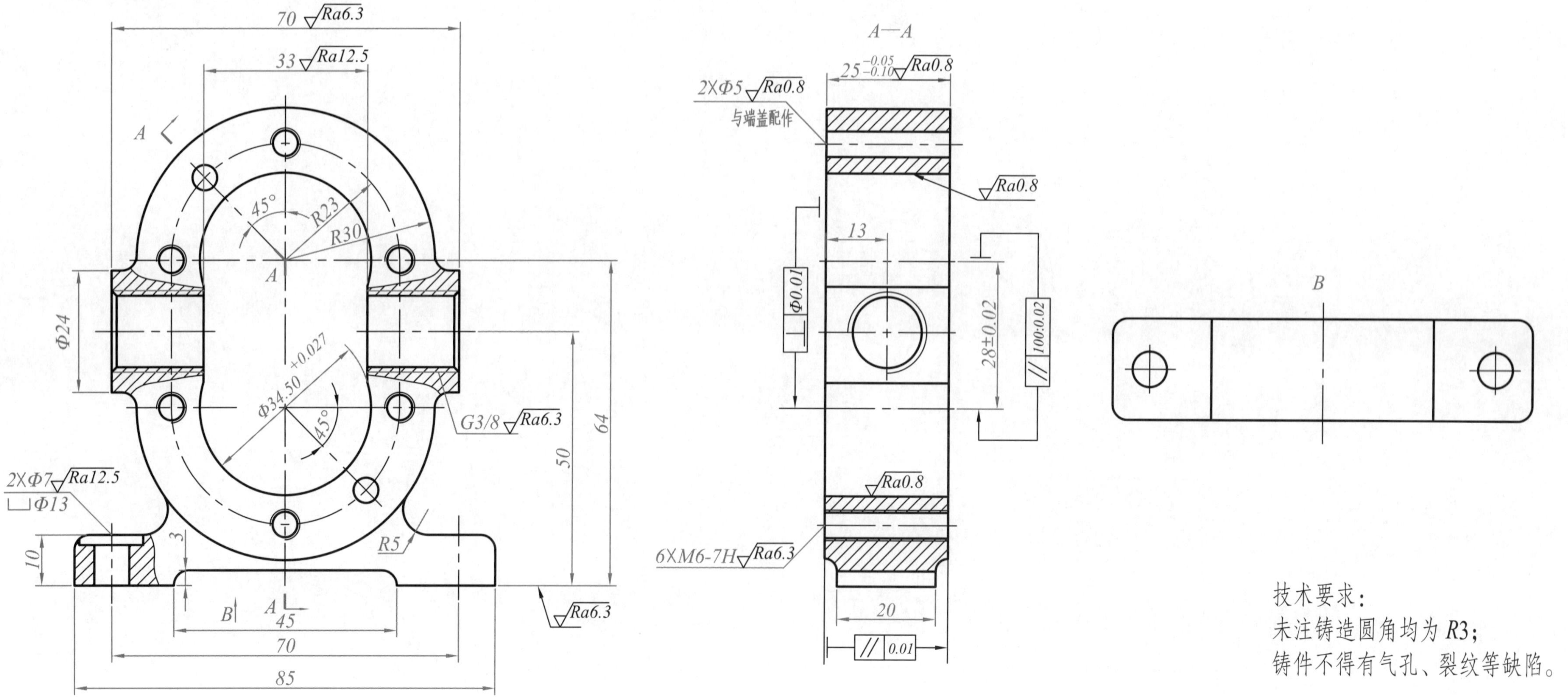

技术要求：
未注铸造圆角均为 *R*3；
铸件不得有气孔、裂纹等缺陷。

$\sqrt{}$（$\sqrt{}$）

（1）该零件图采用了________个图形来表达零件的形状，其中主视图采用了_______剖，左视图采用了_______剖。
（2）图中有____种螺纹，其标记代号为________、________。
（3）图中标注的 28±0.02 含义是：____________。
（4）图中有_____表面粗糙度，最光滑面表面粗糙度代号是________。
（5）图中底板上 2×*Φ*7 孔的中心距是________。
（6）图中未标注的圆角是________。
（7）用指引线在图中指出零件长、宽、高三个方向的尺寸基准。
（8）零件的材料是________。
（9）该零件属于________类零件。

						HT150			
标记	处数	分区	更改文件号	签名	年月日				
设计			标准化			阶段标记	重量	比例	泵体
制图								1∶1	
审核									1
工艺			批准			共（7）张 第（2）张			

一、填空题

1. 在装配图中，相互邻接的金属零件的剖面线，其倾斜方向应_________，或方向一致而间隔_______________；同一装配图中的同一零件的剖面线应方向_________，间隔_________。
2. 在装配图中，宽度小于或等于2mm的狭小面积的剖面区域，可用涂黑代替剖面符号。当两邻接剖面区域均涂黑时，两区域之间应留出不小于_______mm的空隙。
3. 在装配图中，对于紧固件及轴、连杆、球、键、销等实心零件，若纵向剖切且剖切平面通过其对称平面或轴线，则这些零件均按____________绘制。如需要特别表明零件的构造，如凹槽、键槽、销孔等，则可用_______图表示。
4. 在装配图中，当剖切平面通过的某些部件为标准产品或该部件已由其他图形表示清楚时，可按_________绘制。
5. 一张完整的装配图应包含的内容为：_________、_________、_________、零件序号、标题栏和明细栏。
6. 在装配图中，零件的______角、角、凹坑、凸台、沟槽、滚花、刻线及其他细节等可不画出。
7. 装配图一般应标注以下几类尺寸：______尺寸、______尺寸（配合尺寸及相对位置尺寸）、_______尺寸、_______尺寸和其他重要尺寸。
8. 在装配图中可假想沿某些零件的结合面剖切或假想将某些零件_______，需要说明时可加标注“拆去××等”。
9. 在装配图中，可省略螺栓、螺母、销等紧固件的投影，而用_______线表示出其_________所在位置。

二、选择题

1. 明细栏一般配置在装配图中标题栏上方，其序号栏目的填写顺序是：…………………………………………………………………………（　　）
   A. 由上向下，顺次填写；
   B. 由下向上顺次填写；
   C. 不必符合图形上的编排次序。
2. 在装配图中，相邻零件的相邻表面处的画法是：………………………（　　）
   A. 接触面及配合面只画一条线，两零件相邻但不接触仍画两条线；
   B. 应视具体情况区别对待，如间隙配合的孔轴表面，为图示其间隙，也应画两条线；
   C. 无论接触或不接触都应画两条线。
3. 表达某产品的全套图样中，有1张装配图，9张零件图，则在该装配图的标题栏中，有关张数和张次应填为：………………………………………………（　　）
   A. 共10张第1张；
   B. 共1张第1张；
   C. 不必填张数和张次。
4. 装配图中，若干相同的零、部件组，可仅详细地画出一组，其余只需用下列线形中的哪一种表示其位置：……（　　）
   A. 粗实线；
   B. 细实线；
   C. 细点画线；
   D. 细双点画线。
5. 对于在装配图中单独画出某一零件的视图的表示法，正确的说法是：…（　　）
   A. 装配图中不可出现单个零件的视图，否则易产生混淆；
   B. 装配图中，可以出现单个零件的视图，此时应标注投射方向、字母和零件的名称，当按投影关系配置时，可省略投射方向和字母；
   C. 装配图中可以单独画出某一零件的视图，但必须标注零件名称、投影方向和字母。
6. 装配图中的零件除标准件外，其余零件均应称为：……………………（　　）
   A. 非标准件；
   B. 专用件；
   C. 特殊零件。

三、是非题（正确的写“T”，错误的写“F”）

1. 视图、剖视图等画法和标注规定只适用于零件图，不适用于装配图。……（　　）

2. 在装配图中，当剖切平面通过的某些部件为标准产品或该部件已由其他图形表示清楚时，可按不剖绘制。……………………………………………………………（　　）
3. 因装配图是表达机器或部件的装配关系、工作原理和使用情况，故不能在装配图中单独画出某一零件的图形。……………………………………………………（　　）
4. 零件图和装配图有不同的表达内容和作用，但应采用完全相同的标题栏格式。……………………………………………………………………………………（　　）
5. 装配图明细栏中除标准件外，其余序号称为“专用件”，不得称为“非标准件”。……………………………………………………………………………………（　　）
6. 装配图中，宽度小于或等于2mm的狭小面积的断面，可用涂黑代替剖面符号。……………………………………………………………………………………（　　）
7. 一套完整的产品图样中，除了画出装配图，还必须画出该产品每个零件的零件图。……………………………………………………………………………………（　　）
8. 在装配图中，两个相邻零件的接触面指画一条线；两个零件不接触，但只要是相邻表面仍画成一条线。……………………………………………………………（　　）
9. 编排装配图中的零部件序号时，对于一组紧固件以及装配关系清楚的零件组，不允许只画一条公共指引线。……………………………………………………（　　）

参考千斤顶示意图和说明，看懂给出的零件图，画出千斤顶的装配图。

千斤顶示意图说明

该千斤顶是一种手动起重、支承装置。扳动绞杠而转动螺杆、螺套间的螺纹作用，可使螺杆上升、下降，起到起重、支承的作用。

千斤顶底座上装有螺套，螺套与底座间由螺钉固定。螺杆与螺套由方牙螺纹传动，螺杆头部中穿有绞杠，可扳动螺杆传动。

螺杆顶部的球面结构与顶垫的内球面接触起浮动作用。螺杆与顶垫之间有螺钉限位。

千斤顶图装配示意图

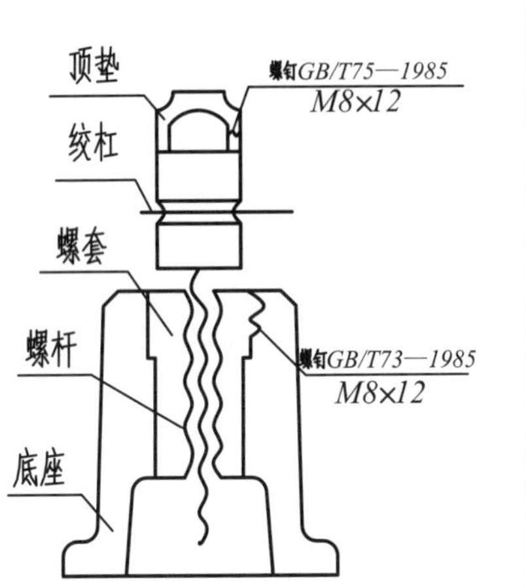

千斤顶	01-00

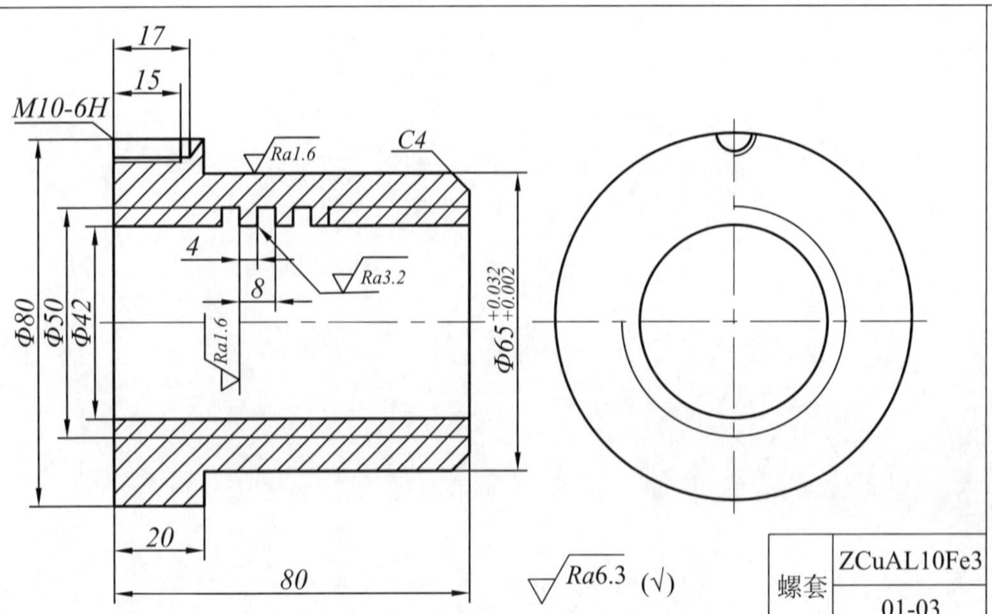

螺套	ZCuAL10Fe3
	01-03

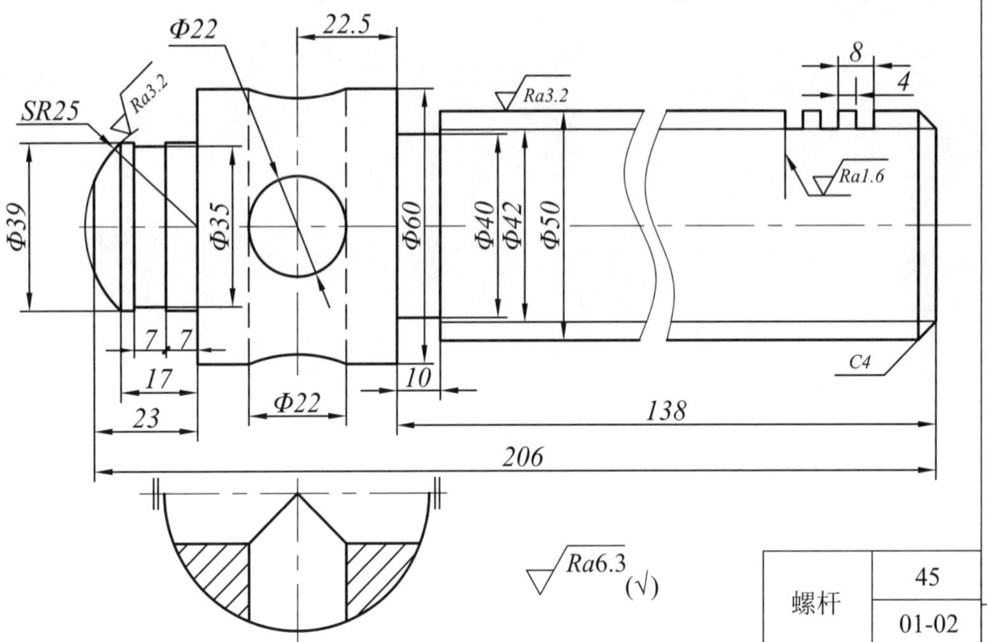

螺杆	45
	01-02

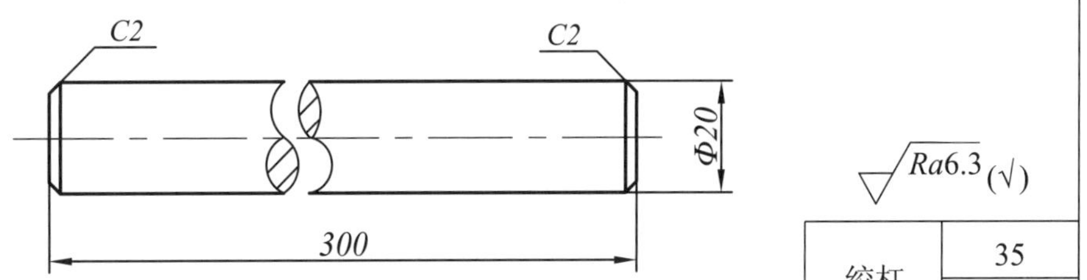

绞杠	35
	01-04

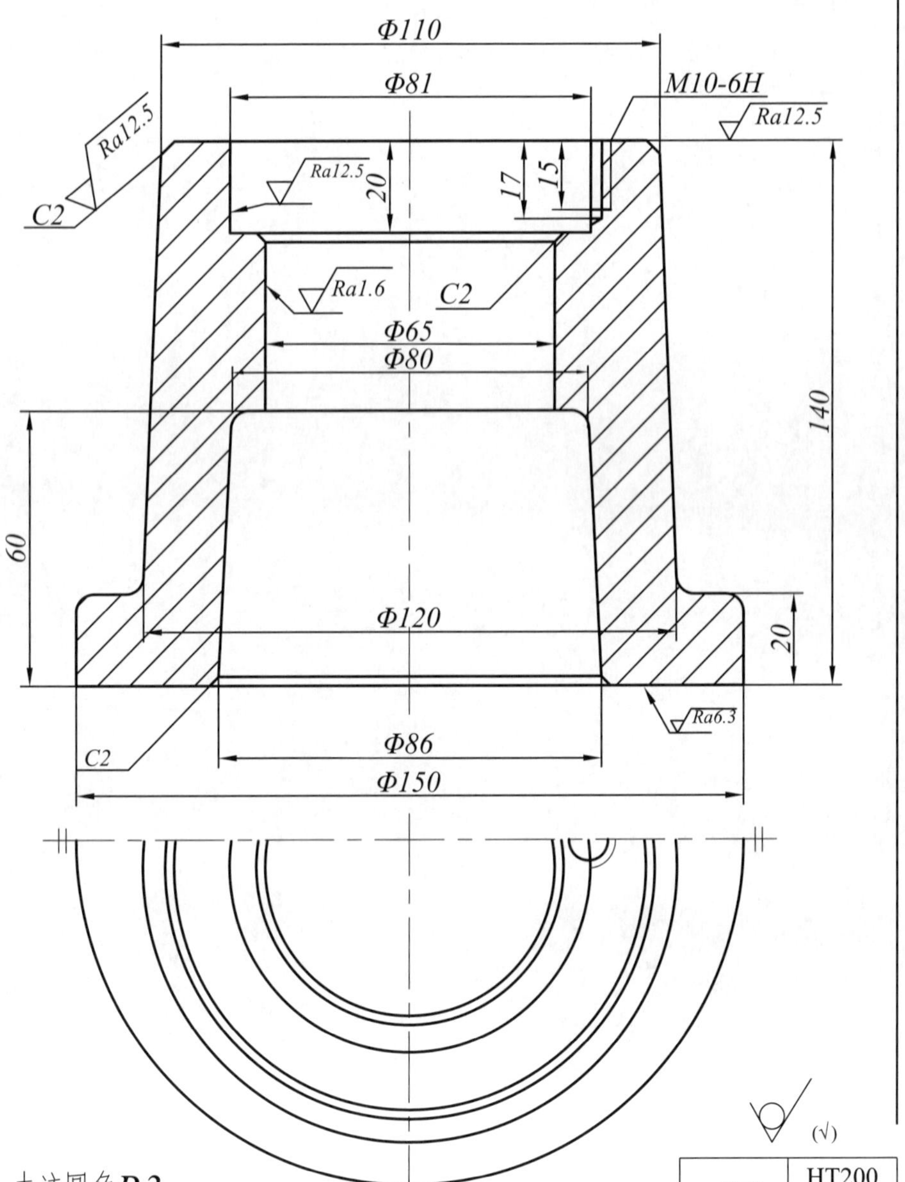

未注圆角*R3*

底座	HT200
	01-01

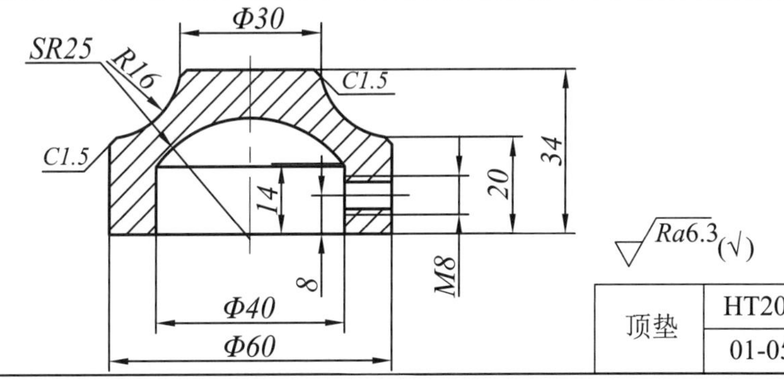

顶垫	HT200
	01-05

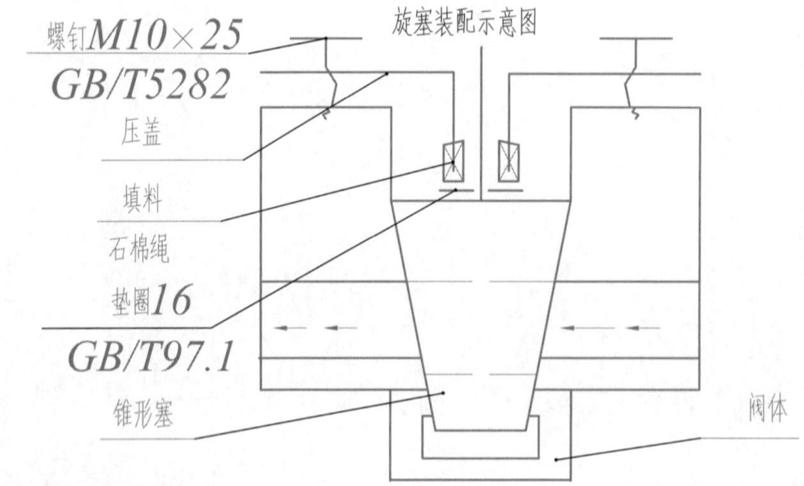

作业要求

参考旋塞的立体图和装配示意图，看懂给出的零件图，画出旋塞的装配图。

旋塞立体图和说明

左图是旋塞的立体图，它以螺纹连接于管道上，作为开关设备，其特点是开、关迅速。左图表明开的位置在锥形塞顶部开有长槽作为标记。当旋塞旋转90度以后，长槽处于和管道垂直位置，表明已关闭。为了防止泄漏，在锥形塞与阀体间充填填料（石棉绳），并用压盖压紧（填料压紧后的高度的为12mm），压紧后要求达到密封可靠且锥形塞转动灵活。

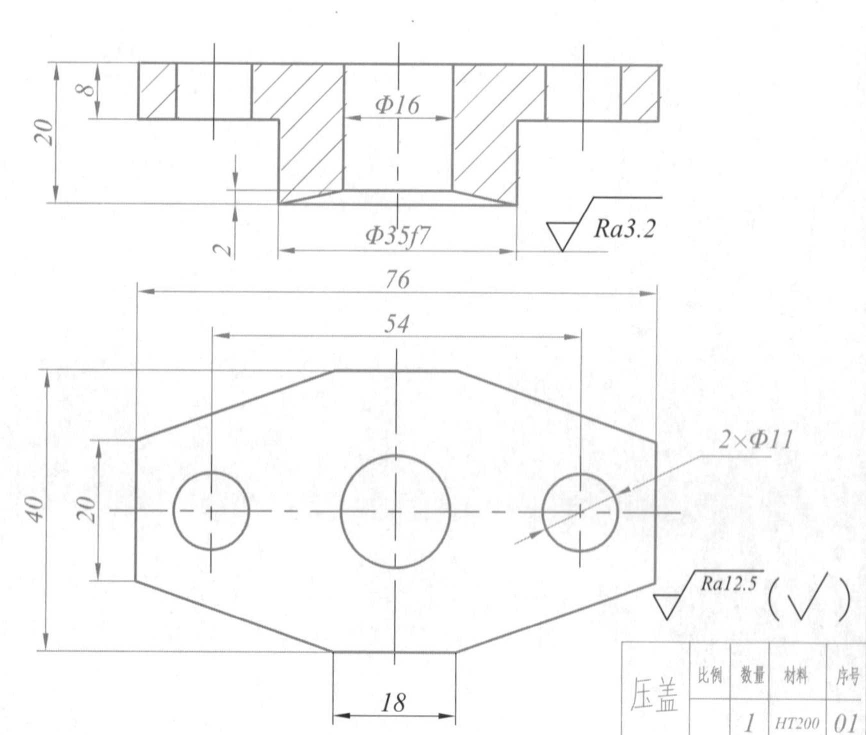

压盖	比例	数量	材料	序号
		1	HT200	01

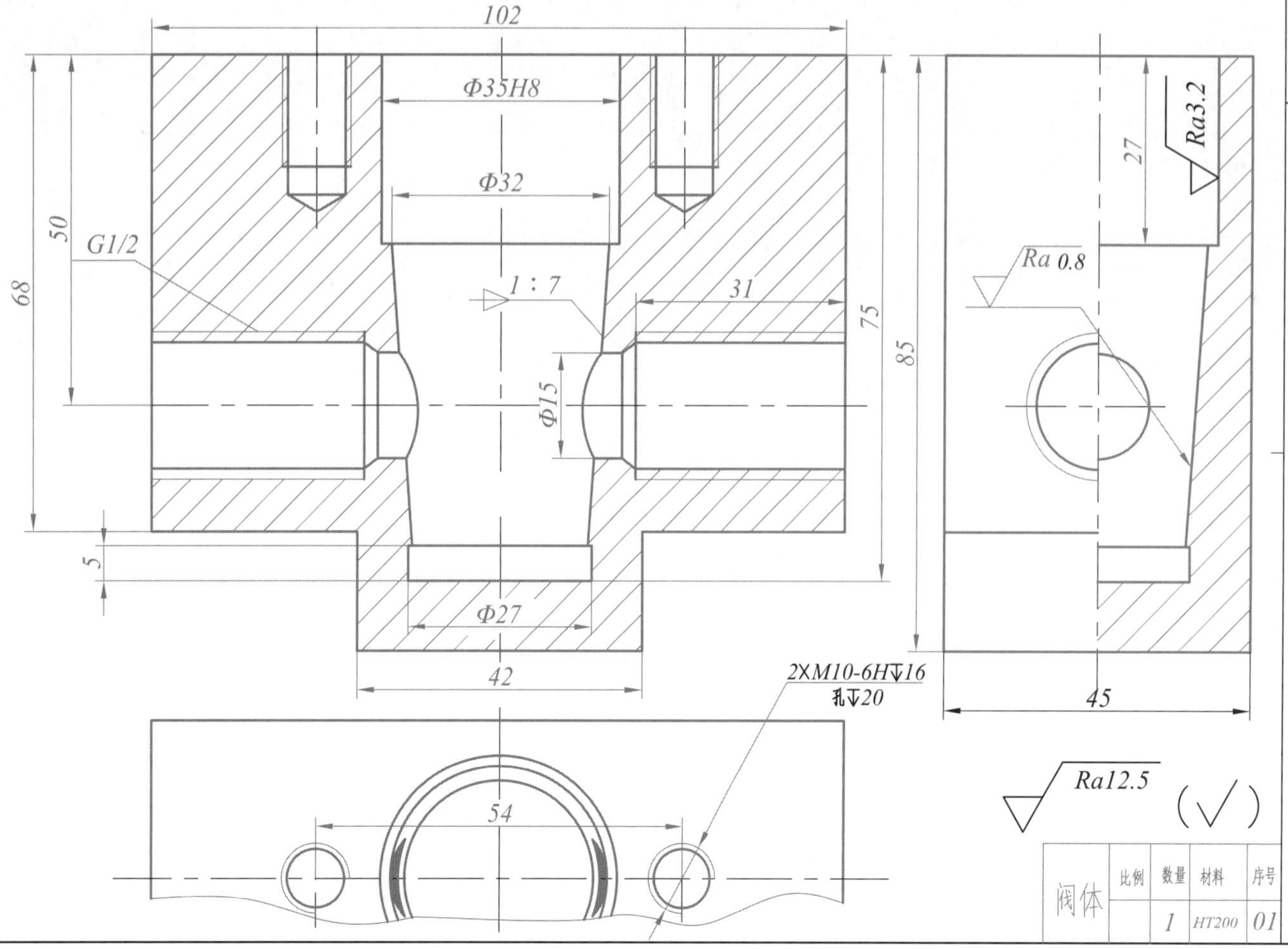

阀体	比例	数量	材料	序号
		1	HT200	01

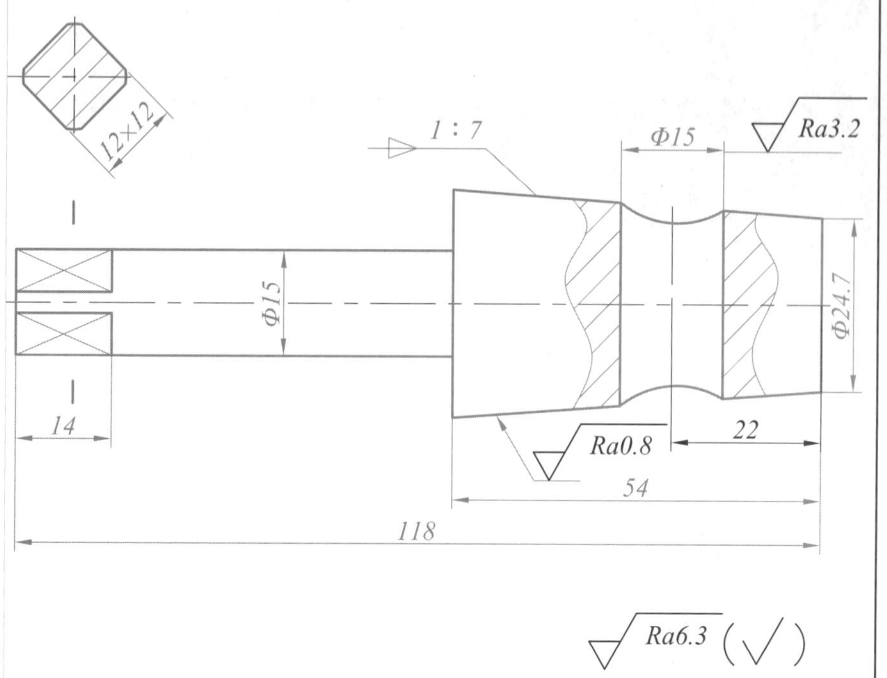

锥形塞	比例	数量	材料	序号
		1	45	02

根据齿轮油泵装配图回答以下问题。

（1）齿轮油泵由_____种共____个零件组成，其中有_____种共______个标准件，标准件的名称规格是______。

（2）齿轮油泵共用了________个图形来表达，其中主视图作了_____剖视和______剖视，左视图采用了______画法，并有_____处作了______，图中*A*、*B*是______。

（3）装配图中，尺寸$\Phi14\frac{H7}{f6}$，$\Phi15\frac{H7}{f6}$是____尺寸，尺寸65是_______尺寸，尺寸70是_______尺寸，尺寸$28.56^{0}_{-0.003}$是_______尺寸，尺寸110、8、96是_______尺寸。

（4）尺寸$\Phi35\frac{H7}{f6}$中，$\Phi35$是________，H7是_______，f6是________，它们属于________制的_____配合。$\Phi14\frac{H7}{f6}$属于_______制的_______配合。

（5）件7垫片的材料是________，件8填料的材料是_______，它们在油泵中起_________的作用。件5从动齿轮中间有上下两个小通孔，起_____作用。

（6）尺寸G3/8中的G表示_______，3/8表示_____。

（7）件3泵盖与件1泵体属于________联结，件1泵体与件9压紧螺母属于_______联结。

（8）拆画件9的零件图。

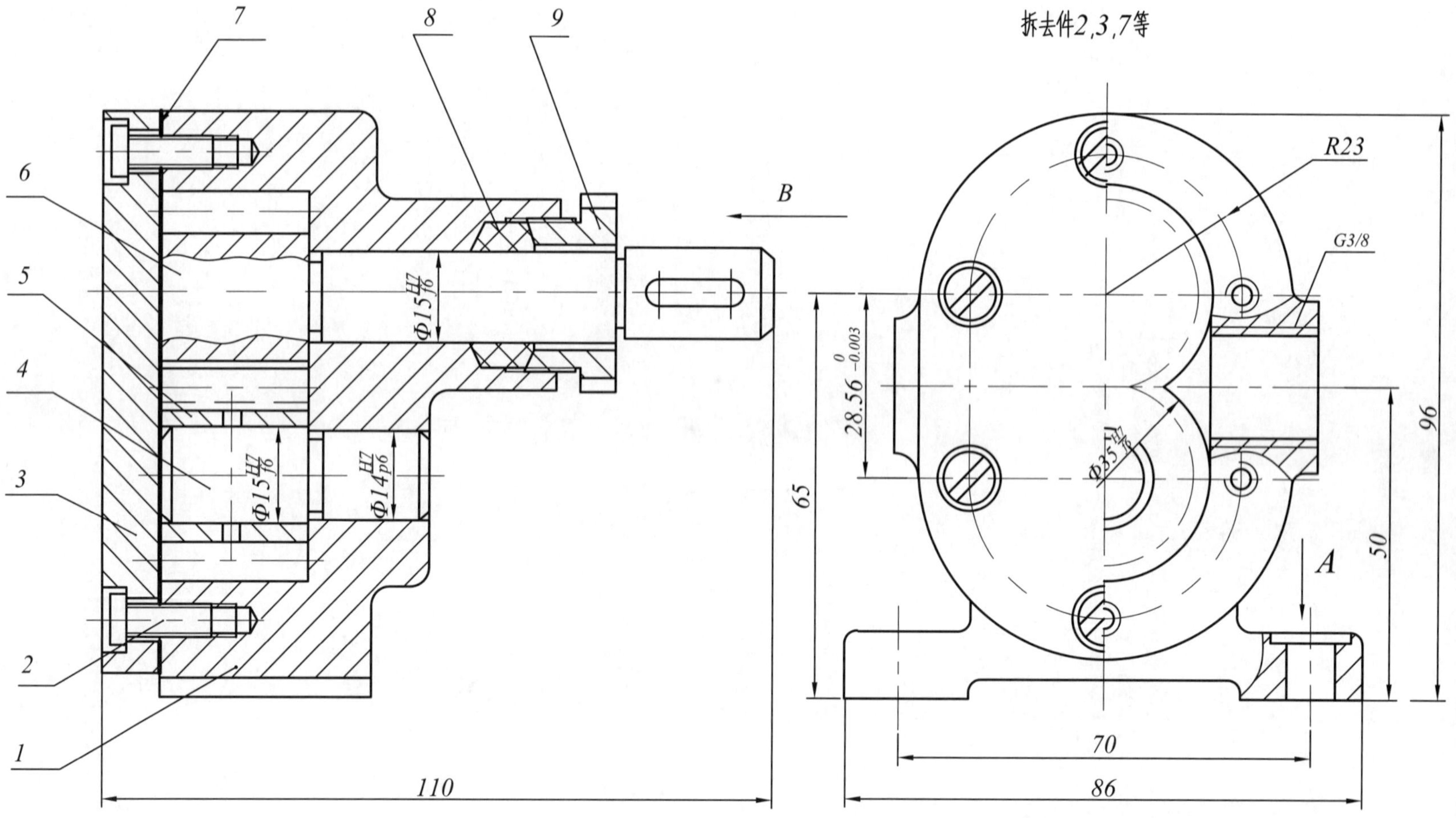

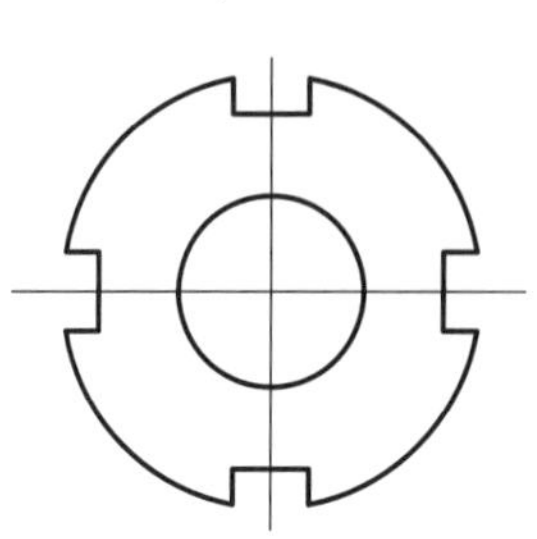

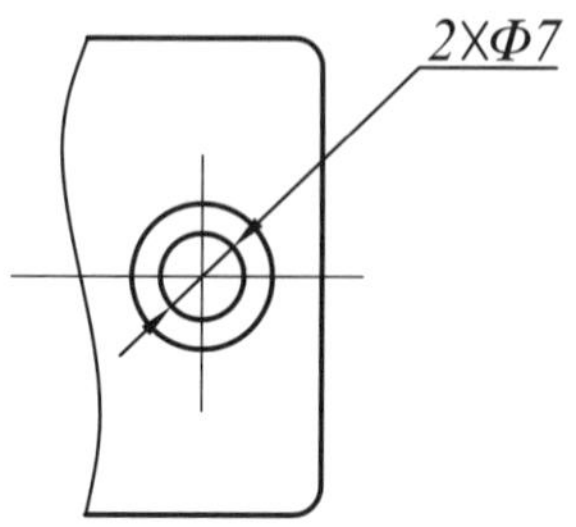

序号	代号	名称	材料	数量	备注
9		压紧螺母	Q235	1	
8		填料	毛毡	1	
7		垫片	工业用纸	1	
6		主动齿轮轴	45	1	
5		从动齿轮	45	1	
4		轴	45	1	
3		泵盖	HT150	1	
2	GB70—2000	螺钉M6x16	35	6	
1		泵体	HT150	1	

标记	处数	分区	更改文件号	签名	年月日				重庆理工大学
设计			标准化			阶段标记	重量	比例	齿轮油泵
审核								1∶1	CLYB-00
工艺			批准			共 张 第 张			

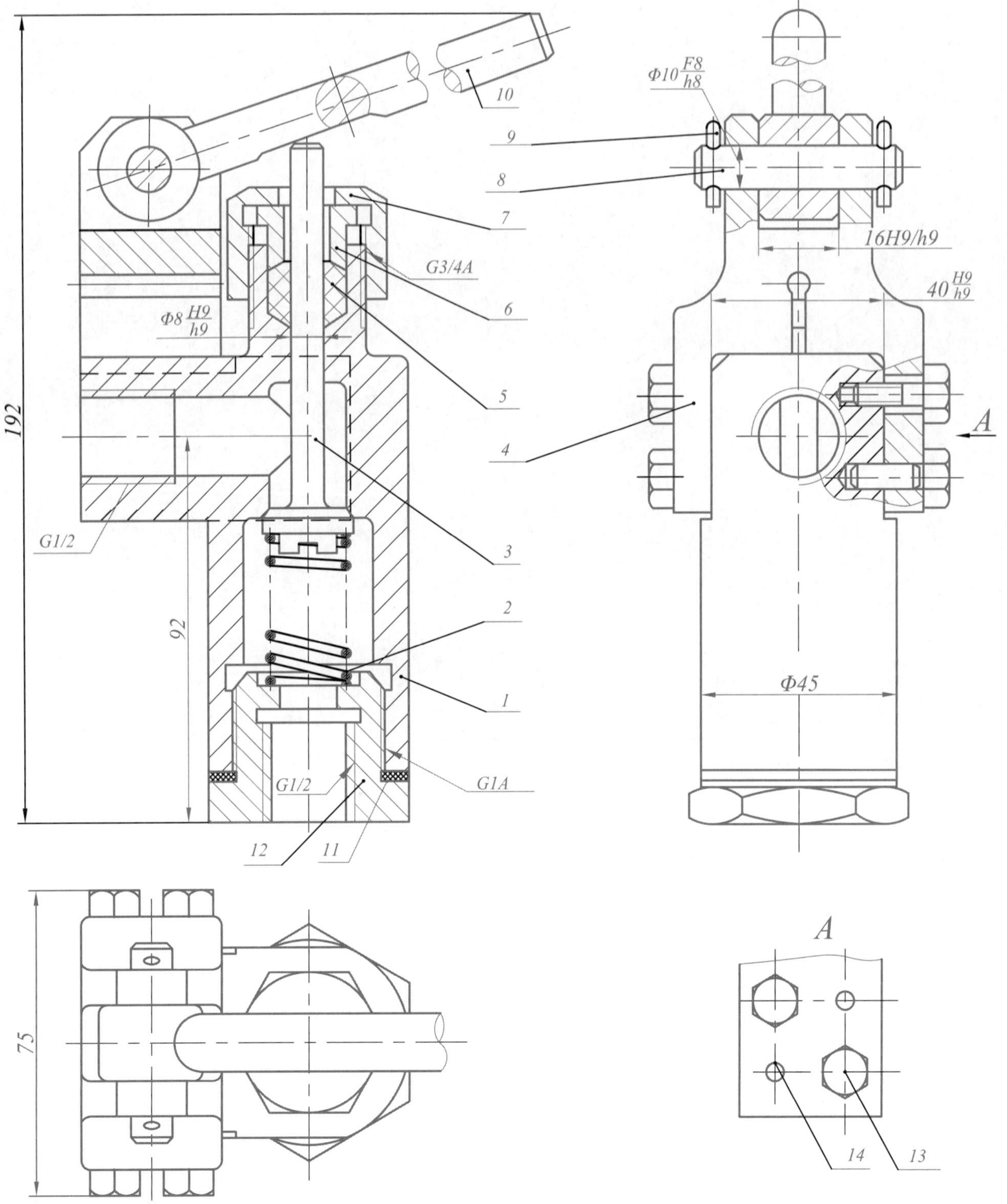

读手压阀装配图并回答问题。

（1）手压阀由____种共____个零件组成，其中____种标准件。

（2）该装配体用了_____个图形来表达，其中主视图采用了______，左视图采用了____，左视图中有____处作了_____，*A* 为 _____，在件 10 杠杆上采用了______画法，并做了一个______。

（3）件 8 小轴与件 4 托架采用的是_____制的_____配合。件 8 小轴与件 10 杠杆采用的是_____制的____配合，件 4 托架与件 1 阀座采用的是_____制的_____配合，件 4 托架与件 10 杠杆采用的是_____制的_____配合。

（4）件 4 托架和件 10 杠杆由______联结，件 4 托架和件 1 阀座之间由_____定位____联结，件 7 压盖螺母和件 1 阀座由____联结。

（5）件 7 压盖螺母的外形从______中可以看出是______，件 12 六角接头的下部分外形从______中可以看出。

（6）件 5 填料的材料是______，件 11 衬片的材料是______，他们的作用是_______。

（7）手压阀的工作原理是________。

14	销 5×16	35	4	GB/T 119.1—2000
13	螺栓 M16×20	30	4	GB/T 5782—2002
12	接头	30	1	
11	衬片	皮革	1	
10	杠杆	35	1	GB 91—86
9	销 3×16	Q235-A	2	GB/T 119.1—2000
8	小轴	45	1	
7	压盖螺母	30	1	
6	填料压盖	30	1	
5	填料	橡胶	1	
4	托架	35	1	
3	阀杆	45	1	
2	弹簧	II组钢丝	1	
1	阀座	HT150	1	
序号	名称	材料	数量	备注

手压阀		比例		重量
		数量		
制图				
描图				

10-1　绘图命令　　　　姓名　　　　班级　　　　学号　　

用绘图命令绘制下列图形。

1.

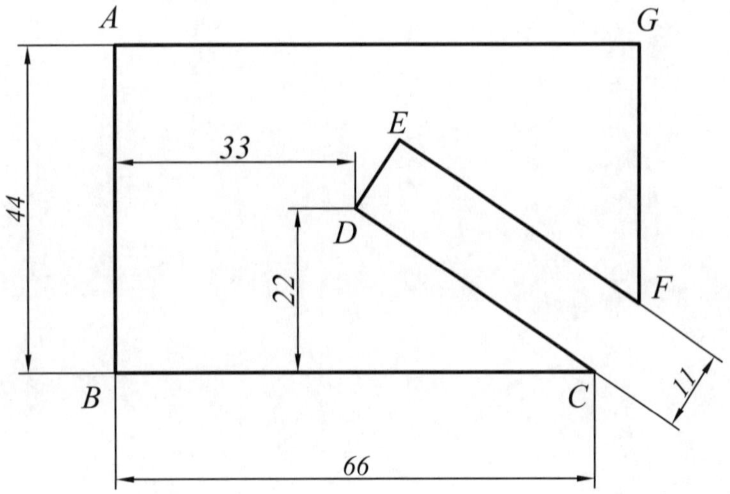

2.

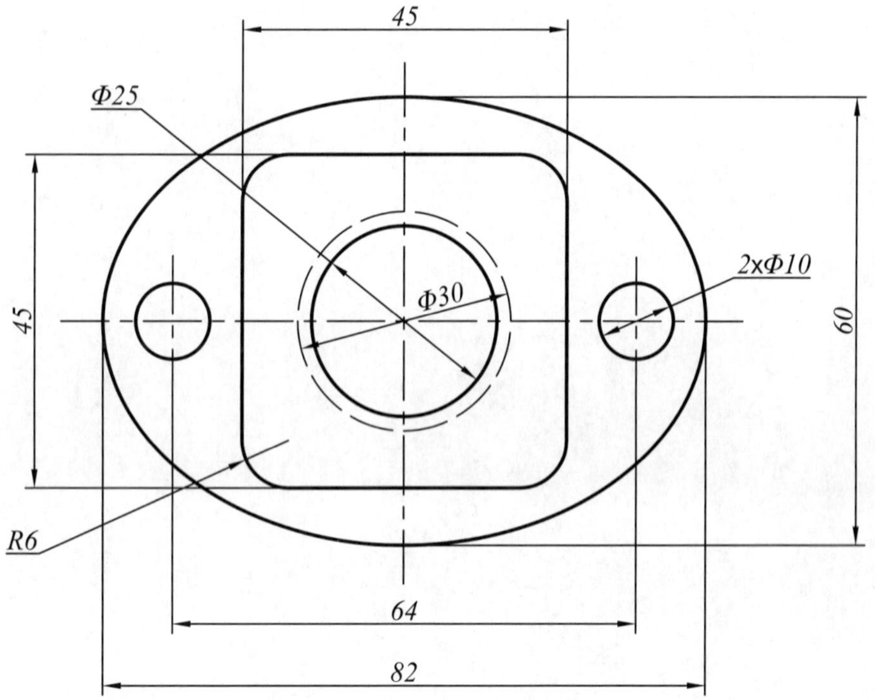

3.

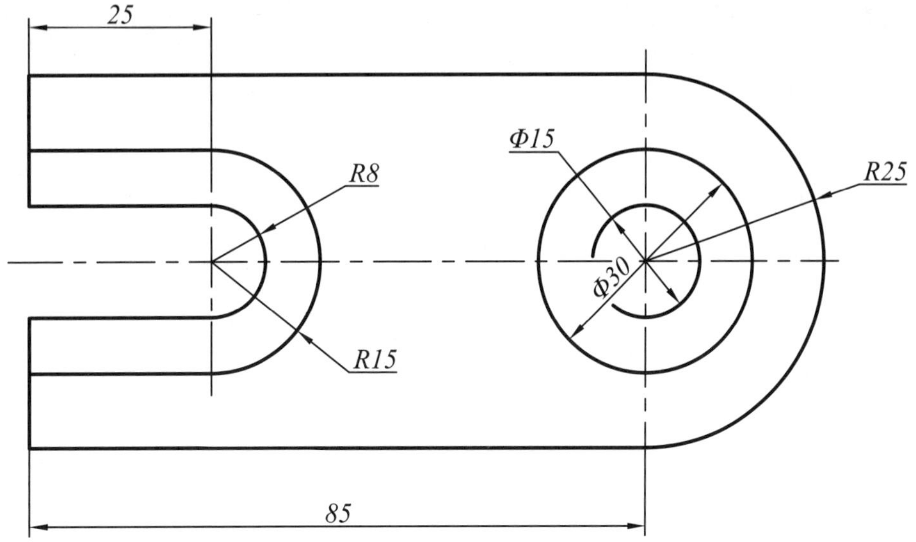

4.

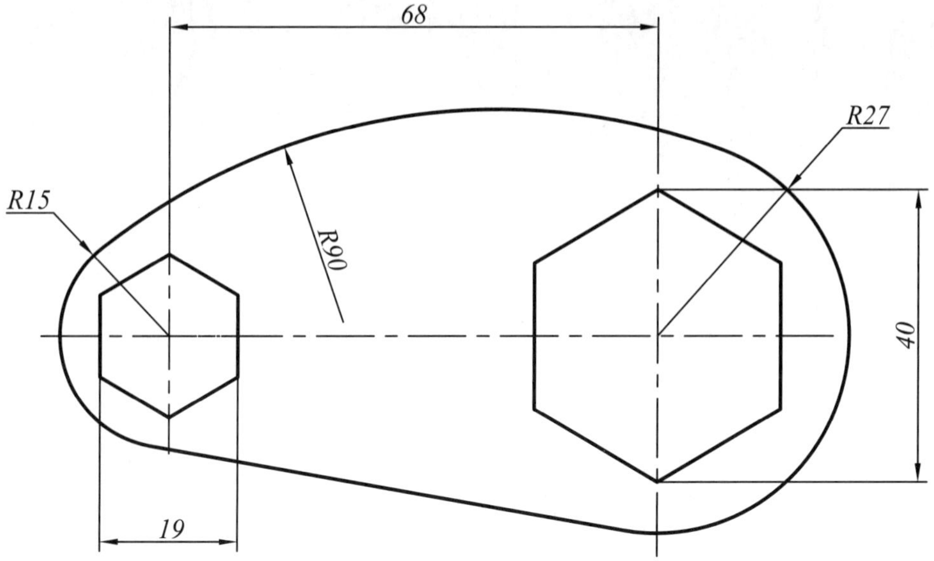

用常用的图形编辑命令绘制下列图形。

1.

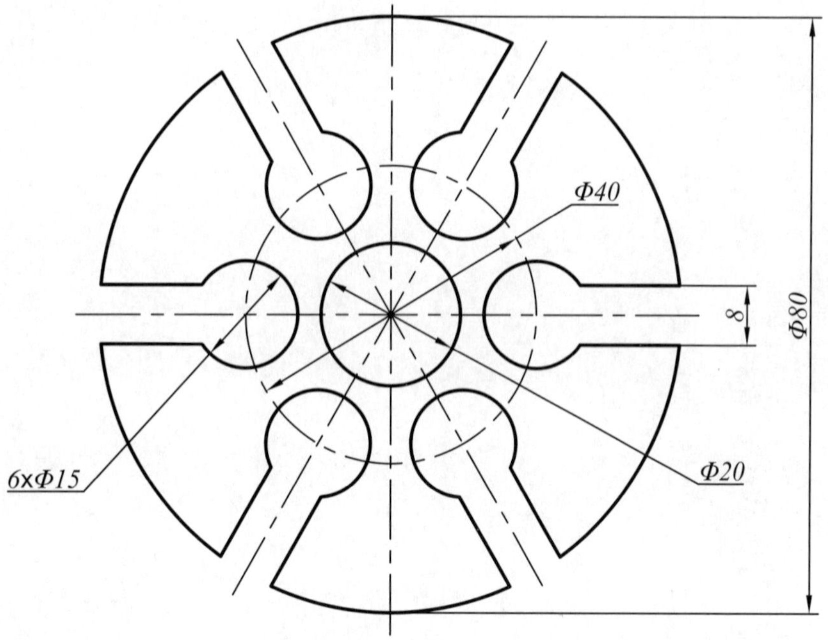

2.

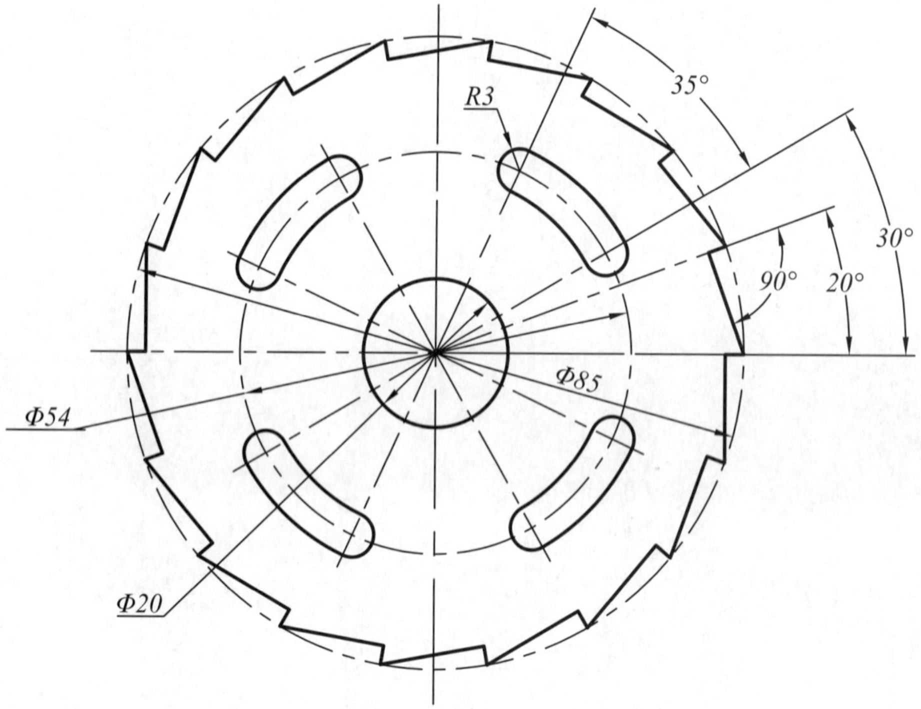

3.

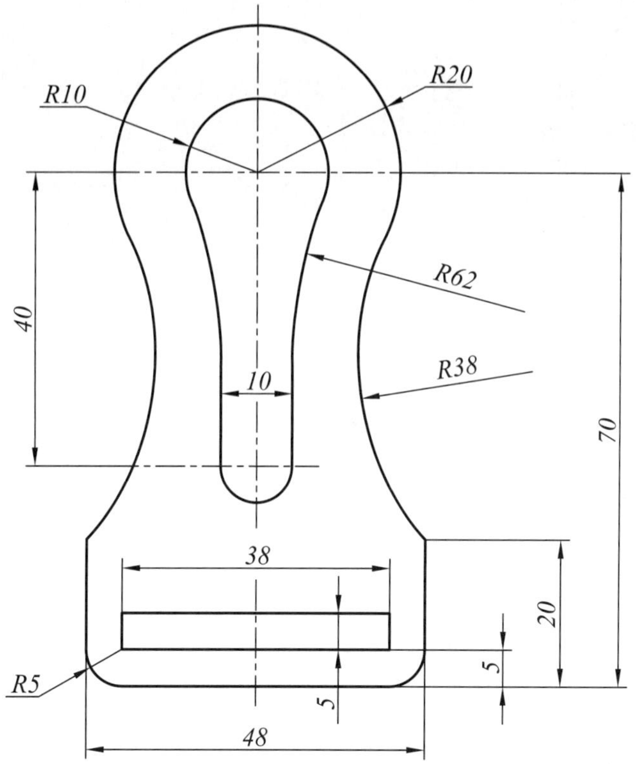

4.

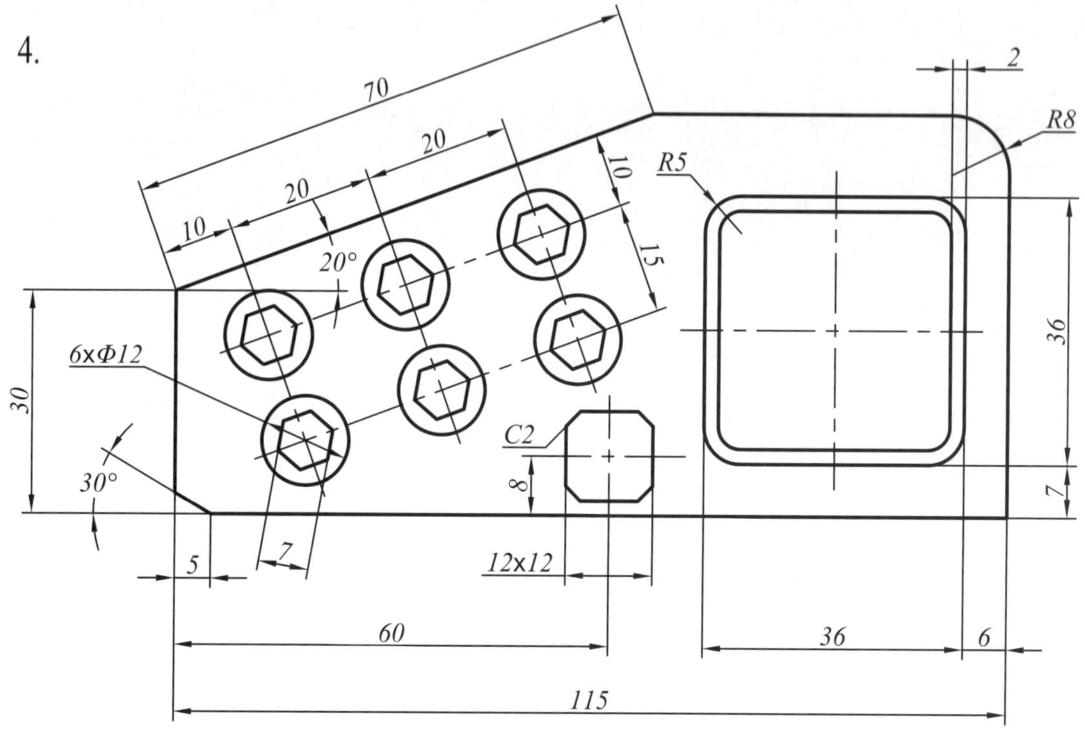

用 AutoCAD 标注尺寸。

1.

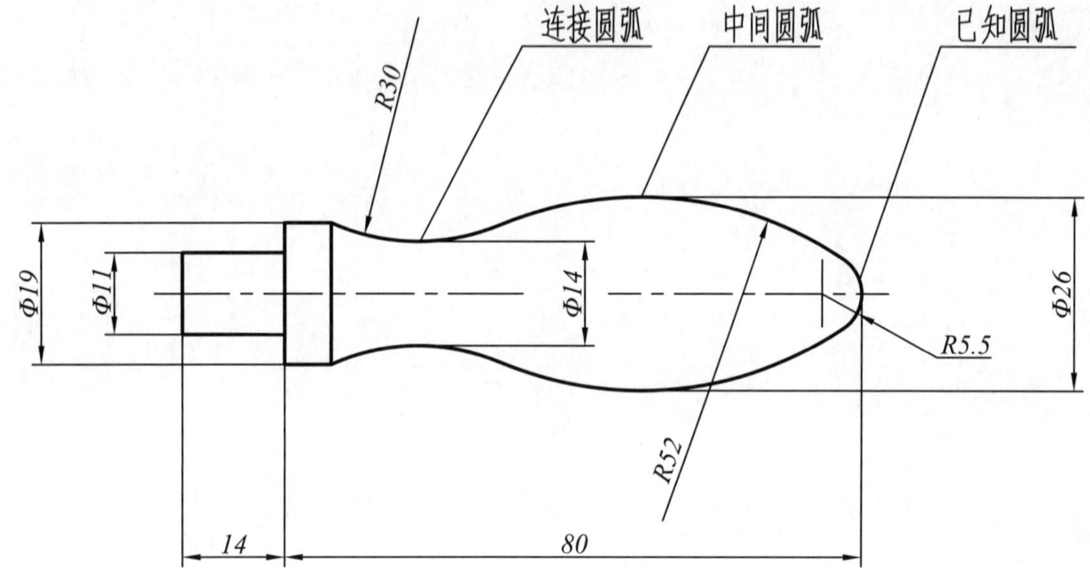

2.

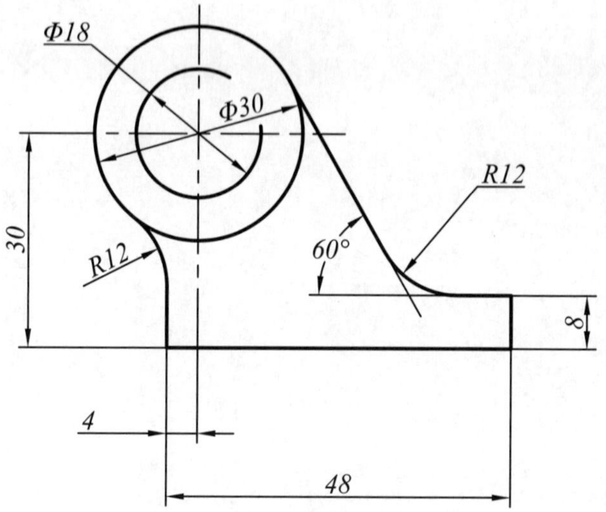

用 AutoCAD 画组合体的视图。

1.

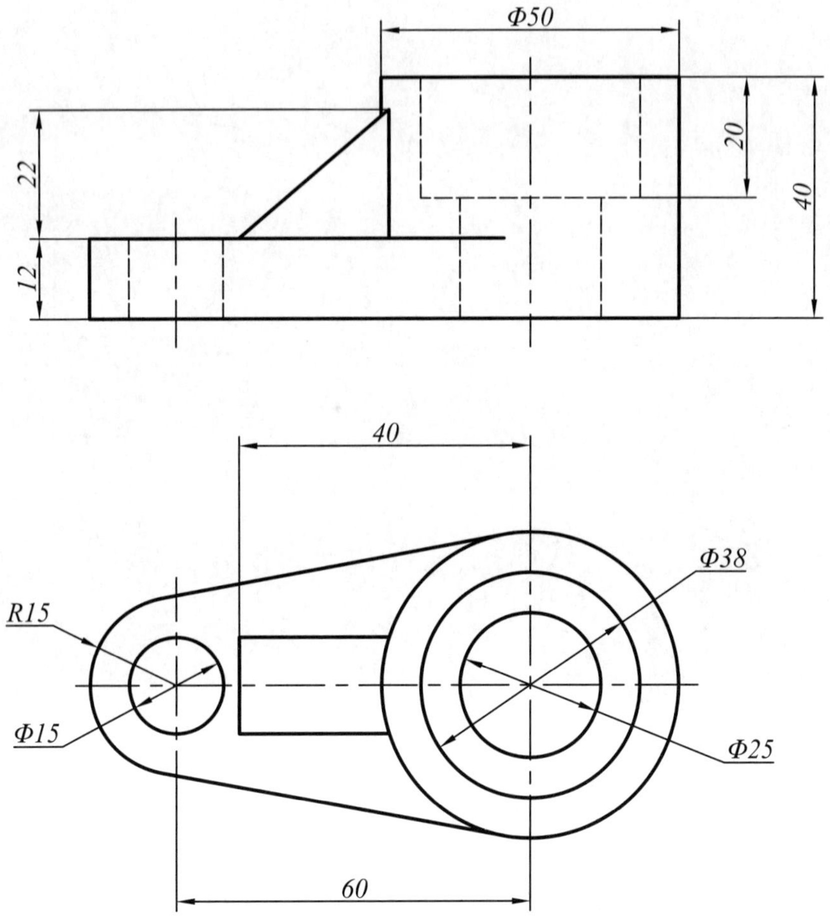

2.

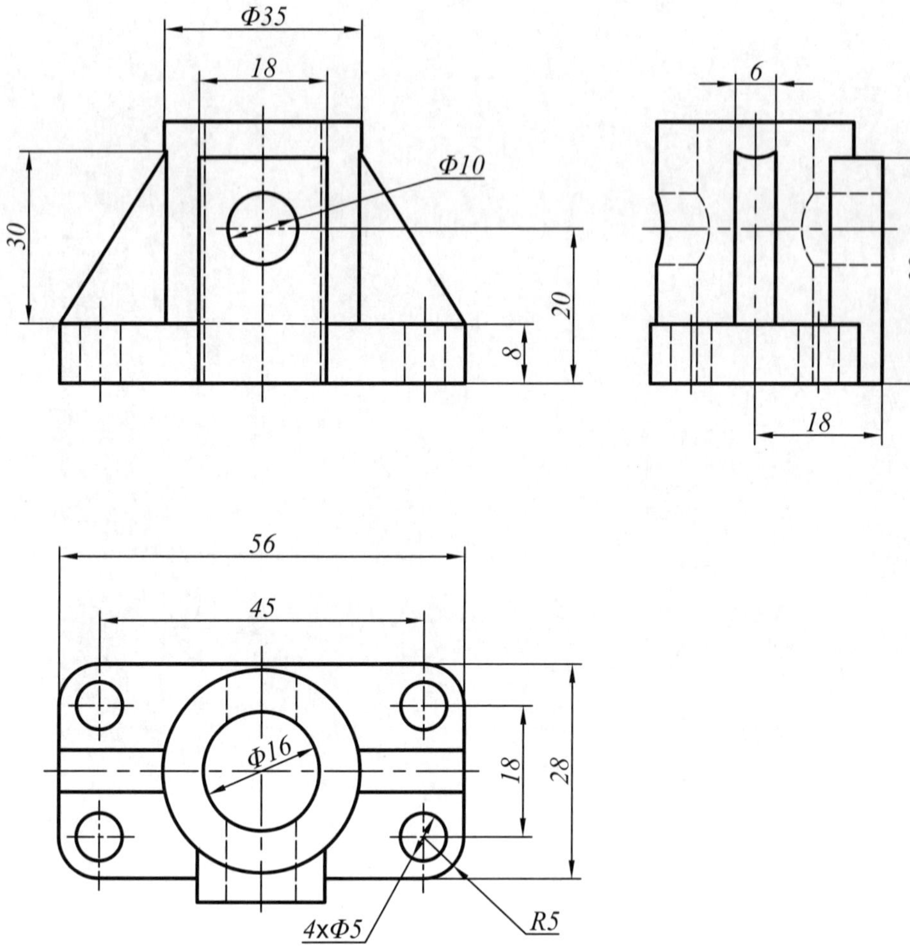

用 AutoCAD 绘制剖视图。

1.

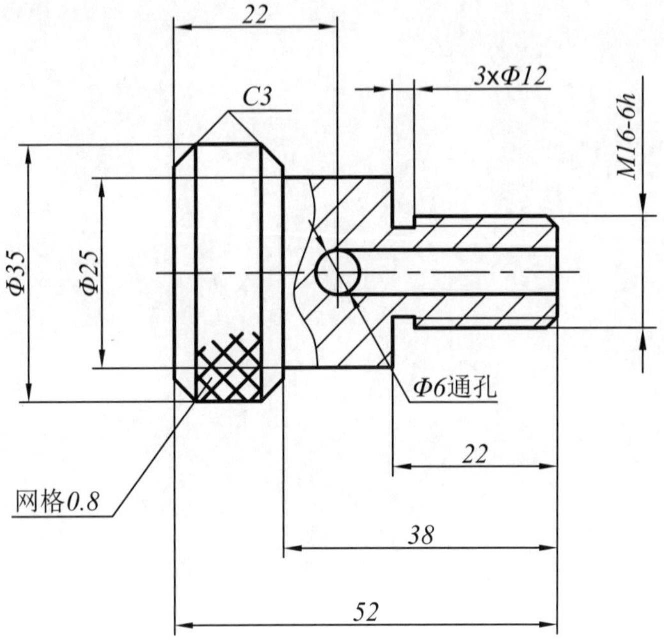

2.

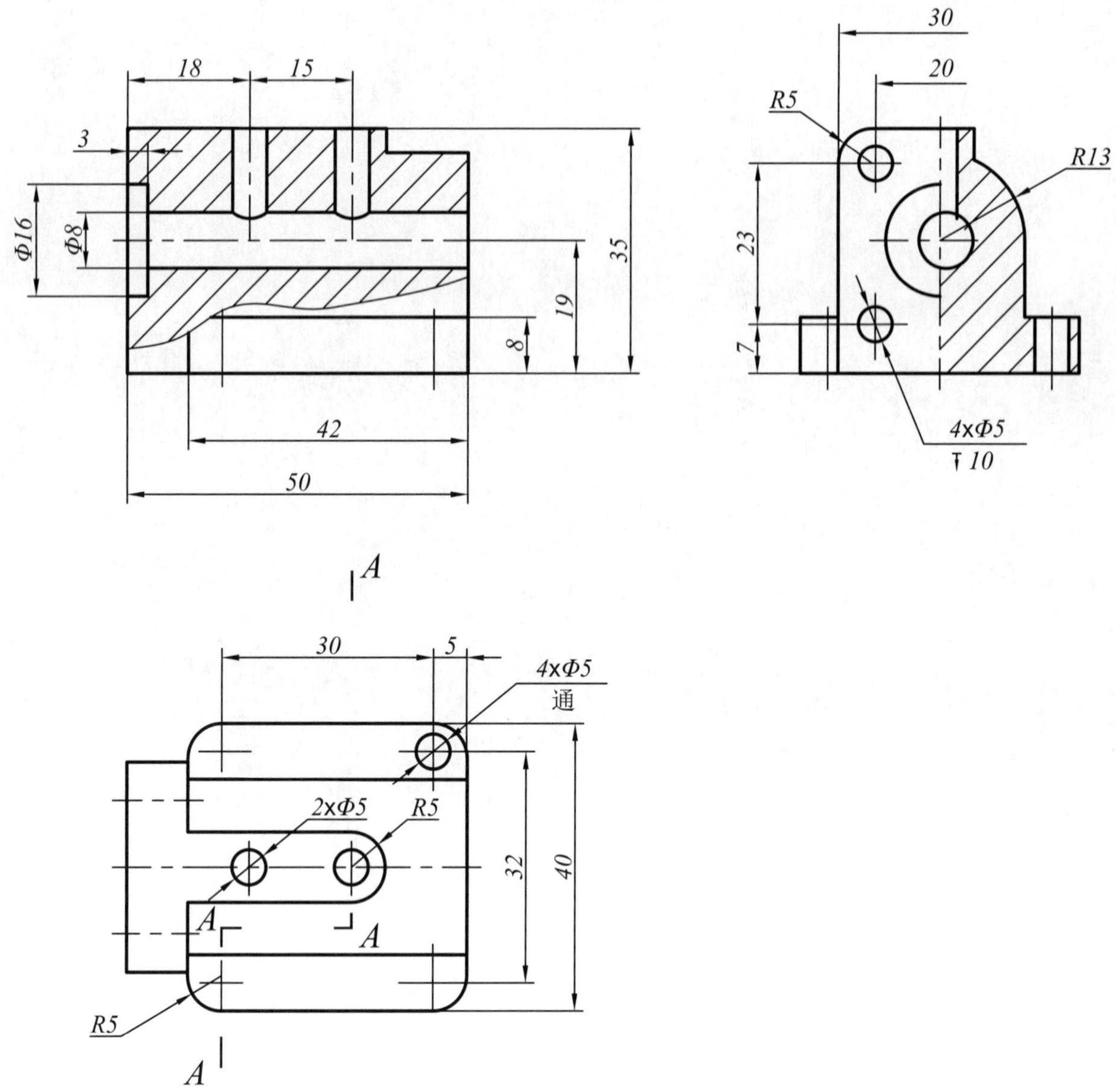

用 AutoCAD 绘制零件图。

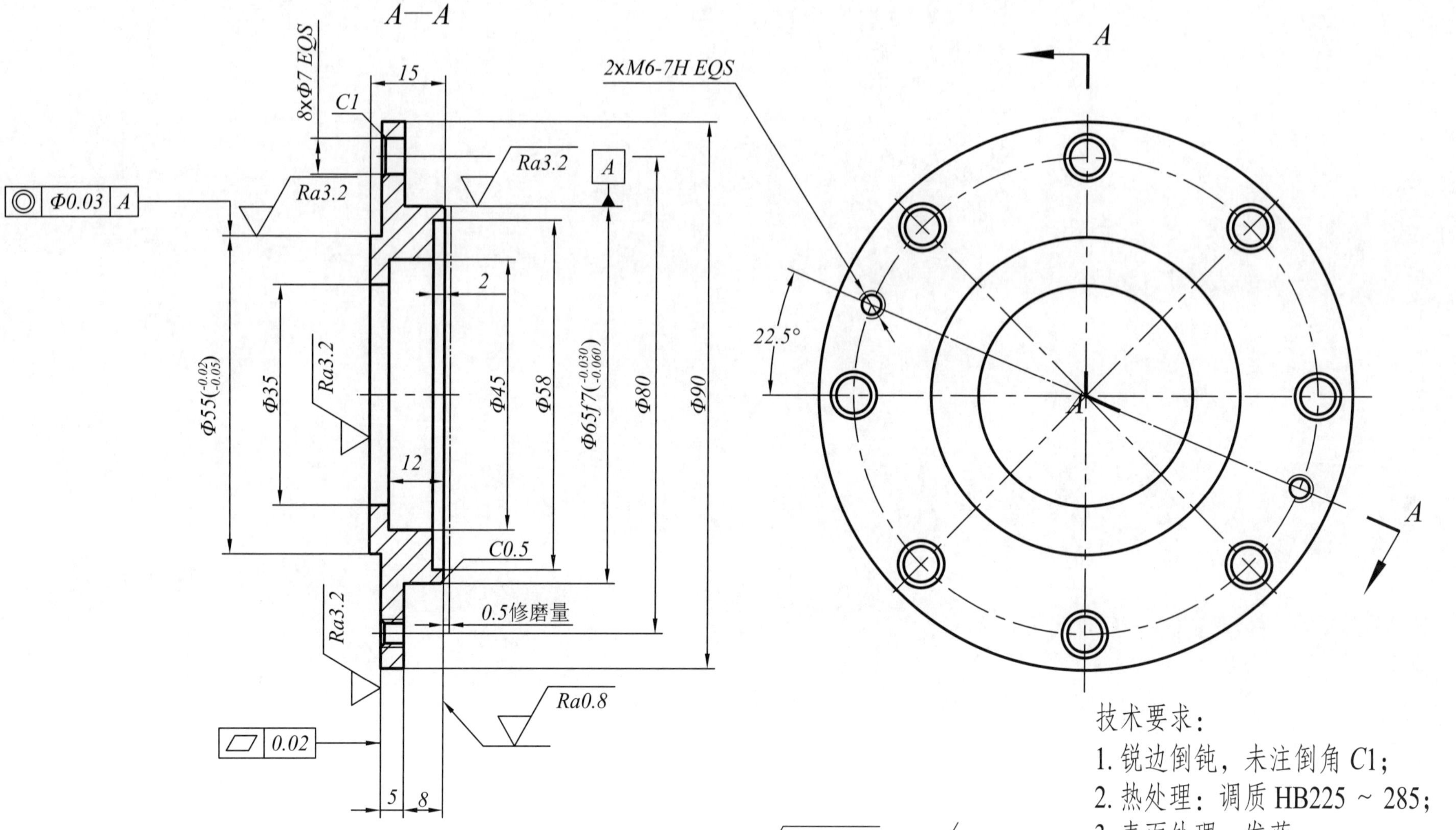

技术要求：

1. 锐边倒钝，未注倒角 C1；
2. 热处理：调质 HB225 ~ 285；
3. 表面处理：发蓝。

Ra12.5 (√)

标记	处数	更改文件号	签字	日期	名称	左端盖		
校对		审核			材料	35	数量	1
设计					重量		比例	1∶1
共　张	第　张	图号	01					

用 AutoCAD 绘制装配图。

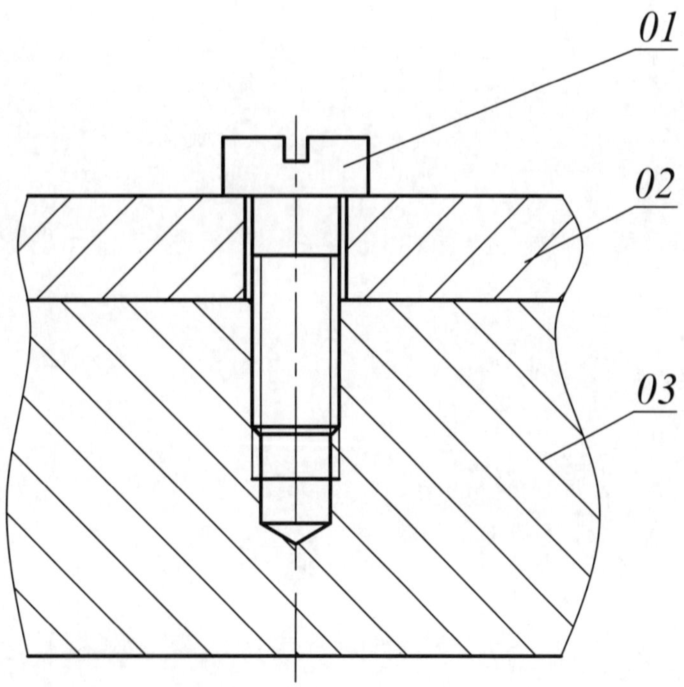

03		厚 壁 件	1	35	
02		薄 壁 件	1	35	
01	M6×16	螺 钉	1	Q235A	GB/T 65—2000
序号	规 格	名 称	数量	材 料	备 注

标记 处数	更改文件号	签字	日期	名称	螺纹连接件			共 张 第 张
校 对		审 核		材料		数量	1	图号 00
设计				重量		比例	2∶1	

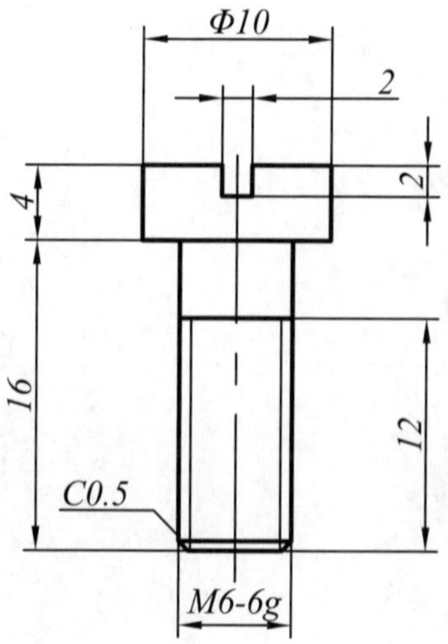

螺 钉	比例	数量	材料	序号
	2∶1	1Q	235A	01

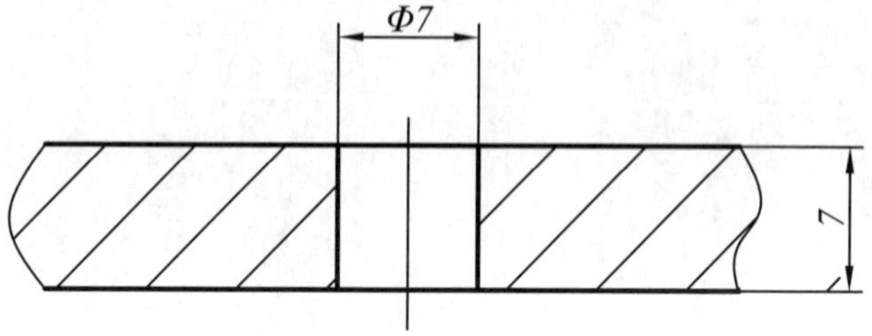

薄壁件	比例	数量	材料	序号
	2∶1	13	50	02

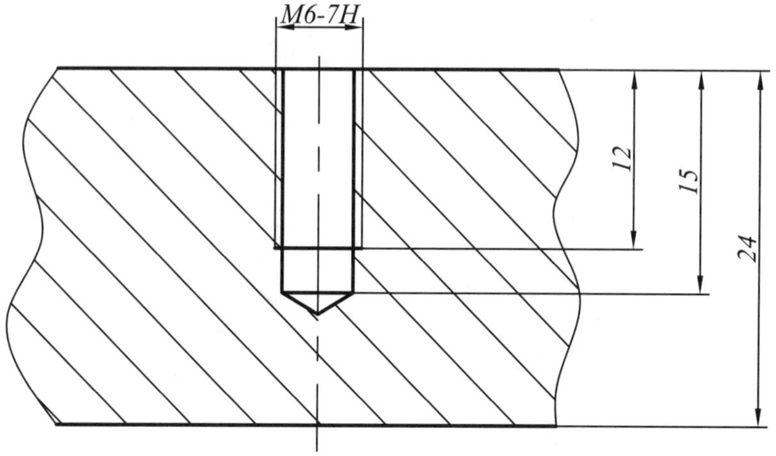

薄壁件	比例	数量	材料	序号
	2∶1	13	50	03